Elaine Schnee & Ines Schneider

# Wandgestaltungen
## mit Farbe, Tapete & mehr

# Inhaltsverzeichnis

## Liebe Heimwerkerinnen und Heimwerker,

Einrichten, Renovieren, Heimwerken und Dekorieren sind unsere Leidenschaft. So arbeiten wir bereits seit 2004 erfolgreich mit viel Spaß als Deko-Team zusammen und verwandeln im Rahmen unserer Fernsehbeiträge Wohnräume in Wohnträume. Dabei verbindet uns das gemeinsame Interesse an kreativen und ungewöhnlichen Ideen. Immer auf der Suche nach neuen Produkten und Techniken spüren wir jeden Wohn-Trend auf und präsentieren ihn wöchentlich via TV einem Millionenpublikum – und jetzt auch im Buch!

Die Wandgestaltung beeinflusst maßgeblich das Einrichtungskonzept und bestimmt die Atmosphäre im Raum. Wir möchten Ihnen mit diesem Buch die Grundkenntnisse des Renovierens anschaulich vermitteln und Mut machen, die eigenen vier Wände selbst individuell zu gestalten. Dabei legen wir besonderen Wert darauf, dass unsere Ideen auch für Anfänger umsetzbar sind und die Materialkosten nicht das Budget sprengen. Unsere Beispiele sind alle Schritt für Schritt erklärt und mit vielen praktischen Ratschlägen versehen, so dass ein problemloses Nachmachen garantiert ist. Die Grundkenntnisse rund um das Vorbereiten der Wände, Tapezieren und Streichen werden zudem auch auf der DVD zum Buch gezeigt – hier verraten wir Ihnen, wie die Profis arbeiten.

Wir wünschen Ihnen viel Vergnügen mit dem Buch und ein gutes Gelingen beim Renovieren!

Ihre

Elaine Schnee

und

Ines Schmidt

4

# Vor dem Renovieren

Eine Renovierung steht an. Das ist eine tolle Gelegenheit, den Wänden neuen Pepp zu geben. Doch oftmals wird die Generalüberholung nicht als Chance gesehen kreativ zu werden und etwas Neues auszuprobieren, sondern als lästiges, mit Schinderei verbundenes Übel, bei dem man zum Schluss doch beim Klassiker landet: der weiß gestrichenen Raufaser. Das übrigens mit gutem Grund, denn Raufasertapeten sind gerade für den Anfänger zu empfehlen. Sie sind robust und lassen sich leicht verarbeiten. Ganz wichtig sind die richtigen Vorarbeiten. Wer hier sorgfältig ist, wird mit dem Ergebnis zufriedener sein.

**TIPP**
Ihre zu überstreichende Tapete sitzt im Prinzip fest, hat sich jedoch hier und da an den Nahtstellen etwas gelöst? Statt mit Kleister zu Werke zu gehen, können Sie Nahtkleber nehmen, der sich handlich und gezielt einsetzen lässt. Stellen Sie kleine, lose Stellen erst beim Streichen fest, tragen Sie mit dem Pinsel hinter der Tapete etwas Farbe auf. Die Oberfläche streichen Sie dann wie gehabt mit der Rolle weiter.

## Ausgangssituation: Gestrichene Tapeten überstreichen

Eine typische Situation in vielen Räumen: Es ist bereits Farbe auf den Wänden und nun soll neu gestrichen werden. Doch das geht nur, wenn der alte Anstrich fest und tragfähig ist. Das können Sie mit einem einfachen Test herausfinden.

**1** Die Wandfarbe mit einem scharfen Messer anritzen.

**2** Einen Streifen Klebeband auf die Stelle kleben.

**3** Den Streifen mit einem Ruck abziehen. Bleiben Farbpartikel daran hängen, hat die Farbe nicht genug Haftung und sollte entfernt werden.

Auch kreidende Farbe oder Kalkfarbe, die als Staub auf einem feuchten Lappen haften bleibt, ist nicht ohne weiteres tragfähig. Das gleiche gilt für Leim-, Lack- oder Ölfarben.

In solchen Fällen sollten Sie überlegen, ob Sie nicht lieber die alte Tapete abreißen und neu tapezieren. Prozeduren wie das Abwaschen von Farbe oder gar das Abschleifen (Schutzkleidung!) sind nicht nur mit viel Schmutz verbunden, sondern auch besser für verputzte als für tapezierte Untergründe geeignet.

**4** Ihre Wand hat den Test bestanden und kann nochmals überstrichen werden? Dann sollten Sie sie vor dem Neuanstrich säubern. Staub lässt sich mit einem Besen entfernen, hartnäckigem Schmutz kommt man in der Regel mit einem Reinigungsmittel sowie einem feuchten Lappen oder der Wurzelbürste bei.

## Ausgangssituation: Sie müssen Tapeten entfernen

Wenn Sie beim Renovieren in der neuen Wohnung bereits tapezierte Wände vorfinden, dann empfiehlt es sich, diese nicht einfach überzutapezieren, sondern sie zu entfernen, bevor Sie eine neue Tapete aufkleben. Alles andere macht womöglich Probleme bei der weiteren Verarbeitung. Später, bei einer neuen Renovierung, werden Sie froh sein, denn natürlich ist es viel leichter nur eine Bahn von der Wand herunter zu bekommen als mehrere auf einmal.

**1** Schalten Sie den Strom aus und entfernen Sie die Abdeckung von Schaltern und Steckdosen sowie die Fußleisten. Decken Sie auf jeden Fall den Boden gut ab, das geht z. B. mit stabiler Folie (hier im Bild bereits mit Kreppband versehen) und/oder Malervlies sehr gut.

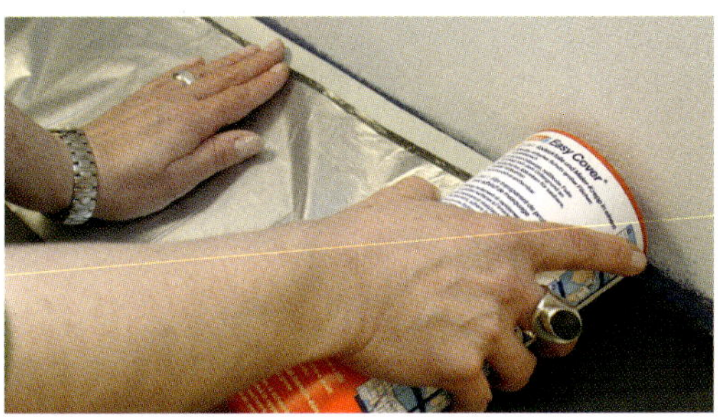

**2** Besonders bei dicken, beschichteten oder mehrfach überstrichenen Tapeten ist es ratsam, die Oberfläche mit einer Nagelrolle (Bild oben) oder einem Tapetentiger (Bild unten) anzuritzen, damit das Wasser besser bis zur Wand eindringen kann.

**3** Dann den Tapetenablöser in einen Eimer mit warmem Wasser geben (Mischverhältnis wie vom Hersteller angegeben). Für mehrlagige oder wasserabweisende Tapeten, wie z. B. Vinyltapeten oder Tapeten, die mit Latexfarbe oder Überzuglack gestrichen sind, empfiehlt sich extra-starker Tapetenablöser.

**TIPP**

Wer Glück hat, kann seine alte Tapete einfach trocken von der Wand abziehen. Dann handelt es sich sehr wahrscheinlich entweder um eine Vliesfasertapete, die mit einem Spezialkleber direkt auf die Wand geklebt wurde, oder die Wand wurde mit speziellem Tapetenwechselgrund behandelt, der das Entfernen von alter Tapete erleichtert.

**TIPP**

Eine einfache Alternative zum Tapetenablöser ist Spüliwasser. Spüli ist preiswert und man hat es im Haus. Der Maler sagt: Spülmittel und Wasser im Verhältnis 1:5 mischen. Aber Vorsicht bei Spülmittel-Konzentraten, man will ja schließlich keine Schaumparty veranstalten!

**MACHEN SIE IHREN TAPETEN DAMPF!**
Eine Alternative, die ganz ohne chemische Zusätze auskommt und viel Zeit und Nerven einspart, ist ein Tapetenablösegerät, das mit Dampf arbeitet. Diese Geräte gibt es für einen erschwinglichen Preis im Handel zu kaufen. Einfach Wasser einfüllen, im Gerät erhitzen und dann über die (ebenfalls angeritzte) Tapete führen. Auch hier werden die gelösten Stücke mit dem Spachtel abgehoben und abgezogen. Vorsicht ist jedoch bei einem Untergrund aus Gipskarton geboten, weil dieser dadurch beschädigt werden könnte.

**4** Die Mischung mit dem Quast oder der Rolle satt auf die Wand auftragen. 15 Minuten einwirken lassen.

**5** Die Tapete mit einem Spachtel von der Wand lösen.

## Ausgangssituation: So prüfen Sie, ob der Putz hält

Unter der alten Tapete kommt meist Putz zum Vorschein. Wenn Sie neu tapezieren möchten, muss dieser Untergrund trocken, sauber, fest sowie schwach saugfähig und eben sein. Erfüllt er diese Kriterien nicht, ist weitere Vorarbeit nötig. Mit welchen Tricks Sie herausfinden, wie es um den Putz steht, und was Sie tun müssen, um ihn in Topform zu bringen, erfahren Sie hier.

**1** Mit der flachen Hand über den Putz fahren. Bröselt dabei etwas ab oder bleibt Abrieb auf der Handfläche zurück? Dann ist der Putz zu sandig und muss mit Tiefgrund behandelt werden, der den Untergrund verfestigt. Auch Dellen, die mit dem Fingernagel oder einem Messer entstehen, deuten auf einen zu weichen Putz hin.

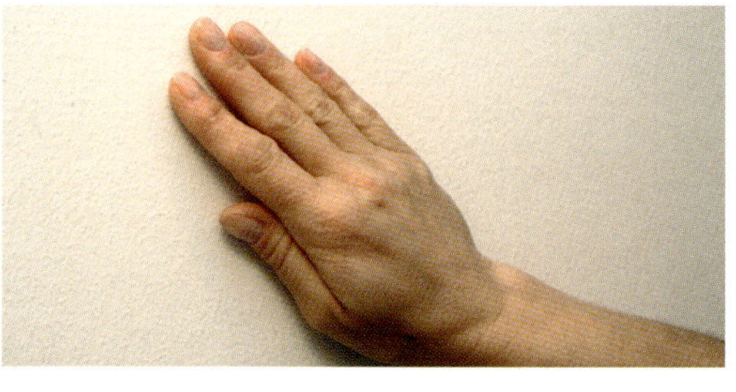

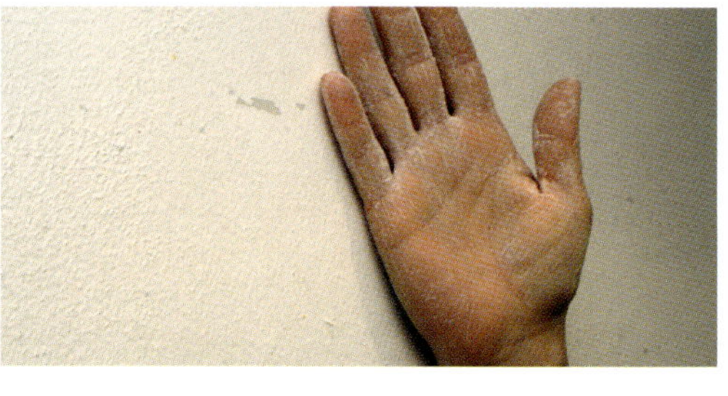

**2** Zieht Wasser sehr schnell ein, ist der Putz zu saugfähig. Auch hier Tiefgrund nehmen oder vorkleistern. Letzteres allerdings nur dann, wenn der Putz nicht sandig ist.

**3** Stößt die Wand das Wasser ab, wird es der Tapete nicht anders gehen. In dem Fall vor dem Tapezieren eine Makulatur anbringen.

**4** Auf den Putz klopfen oder ihn ankratzen. Dabei darf nichts abplatzen. Schadhafte Stellen mit Spachtelmasse füllen, glätten und anschleifen. Das gilt auch für sehr unebene Wände, die zunächst mit Spachtelmasse begradigt werden müssen.

# Härtefälle

7

Manche Wände werden Sie vor besondere Aufgaben stellen, z. B. Wände aus Trockenbauplatten oder Wände, an denen sich Nikotin oder Schimmel befinden. Mit den folgenden Tipps und Tricks gibt's hier kein böses Erwachen.

## Wände aus Trockenbauplatten

Wände aus Trockenbauplatten (Gipskarton oder Gipsfaser) sind extrem saugfähig und erfordern deshalb unbedingt eine spezielle Grundierung, wenn Sie bei einer späteren Renovierung keine Probleme bekommen möchten. Tapeten werden sich bei Gipskarton nur abziehen lassen, ohne dass dabei der Karton gleich mit abgeht, wenn der Untergrund behandelt wurde.
Das bedeutet: Bei neuen Platten müssen Sie die Fugen unbedingt glatt spachteln und dann die Platten grundieren. Dafür gibt es Spezialgrund. Sinn und Zweck der Grundierung ist es, das Aufweichen der stark saugfähigen Oberfläche zu verhindern.
Der Einsatz von Tapetenablösern oder dem Dampfgerät beim Renovieren ist mit Vorsicht zu genießen, besonders bei Gipskarton. Bereits tapezierte Wände, bei denen sich die Tapete nicht ablösen lässt, überspachteln Sie am besten und grundieren sie mit Tiefgrund. Die Alternative: Gleich eine neue Platte anbringen und entsprechend vorbehandeln.

**TIPP**
Wenn Sie sich nicht sicher sind, ob der Untergrund behandelt wurde, dann probieren Sie an einer unauffälligen Stelle aus, ob sich die Tapete problemlos abziehen lässt.

## Nikotinwände

Die von starken Rauchern verursachten Vergilbungen an den Wänden sind oft derart hartnäckig, dass sie durch normale Wandfarbe immer wieder durchschlagen. Das kommt daher, dass der Nikotinfilm wasserlöslich ist und eine herkömmliche Dispersionsfarbe Wasser enthält. Beim Trocknen der Farbe verdunstet das Wasser und nimmt die Partikel aus der Ablagerung mit an die Oberfläche. Hier hilft nur eine so genannte Nikotinsperre. Dabei handelt es sich um eine scheuerbeständige, hoch deckende Farbe mit isolierender Wirkung, die verhindert, dass die Vergilbungen wieder durchkommen. Da diese Spezialfarbe geruchsarm und umweltschonend ist, eignet sie sich auch für größere Flächen.

## Rußflecken, Fett und Kugelschreiber

Etwas anders ist es mit dem so genannten Isoliergrund, wie man ihn beispielsweise für Ruß- oder Kugelschreiberflecken verwendet. Es gibt ihn pigmentiert, d. h. in Weiß, oder auch in Transparent zu kaufen. Isoliergrund enthält oft Lösemittel und sollte daher besser nur auf begrenzter Fläche angewendet werden. Den Raum außerdem gut lüften.

## Schimmel

Bei Schimmel sollte man vorsichtig sein. Wird er nicht gründlich und fachmännisch entfernt, kann er schnell zum lästigen und gesundheitsschädlichen Dauergast werden, vor allem dann, wenn die Ursachen nicht gefunden und beseitigt werden. Mit handelsüblichen Fungiziden, die unter Vorsichtsmaßnahmen, wie Schutzkleidung, guter Belüftung etc., angewendet werden, sollten Sie selbst nur kleinere Flächen behandeln. Größere sind ein Fall für härteres Geschütz und besser in der Hand eines Fachmannes aufgehoben. Verständigen Sie auf jeden Fall auch den Hauseigentümer und ziehen Sie im Zweifelsfall einen Gutachter hinzu. Da die Honorare nicht in einer Gebührenordnung festgeschrieben sind, lohnen sich Kostenvoranschläge zum Vergleich. Adressen bekommt man z. B. über das Umweltbundesamt.

**WISSENSWERT**
Eine isolierende Farbe wie die Nikotinsperre ist kein Schutz vor neuen Flecken. Die Farbe kommt nur gegen alte Ablagerungen an. Auf dem frischen Anstrich werden sich neue bilden.

# 8 Tapeten

Tapeten sind ein wunderbares Mittel, um Räume zu gestalten und ihnen eine individuelle Note zu geben. Auf dem Markt finden Sie heute Produkte, die die Wände in eine große Leinwand verwandeln und speziell auf das kreative Gestalten mit Farbe ausgerichtet sind. Für welche Tapete Sie sich letztlich entscheiden hängt nicht nur vom persönlichen Geschmack ab, sondern auch davon, welcher Raum tapeziert werden soll. Für den Flur, das Kinderzimmer oder die Küche werden Sie das Hauptaugenmerk vielleicht lieber auf robuste, gut zu reinigende Oberflächen legen, im Wohn- oder Schlafzimmer dagegen Tapeten wählen, bei denen die Optik allein im Vordergrund steht. Die nachfolgenden Tipps sollen Ihnen bei Auswahl und Umsetzung eine kleine Hilfestellung geben.

**TIPP**
Beim Kauf von Tapeten sollten Sie auf die Anfertigungsnummer achten, sofern vorhanden. Kaufen Sie nur Rollen mit identischer Nummer, um zu vermeiden, dass Abweichungen, die bei der Herstellung entstehen können (z. B. minimale Farbunterschiede), später an Ihrer Wand sichtbar werden.

## Informationen auf der Rolle

Informationen dazu, was eine Tapete „kann“ und wie sie verarbeitet werden muss, finden Sie auf der Rolle selbst. Dort sind z. B. Symbole aufgeführt, hinter denen sich genormte Eigenschaften verbergen. So sagen Wellenlinien in verschiedener Anzahl etwas über die Reinigungsfähigkeit der Tapete aus, und eine Sonne gibt Aufschluss über das Verhalten der Farbe unter Einwirkung von Licht. Pfeile rechts und links neben einer senkrechten Linie machen deutlich, wie Sie die nächste Bahn ansetzen müssen. Sie erfahren, ob Sie die Bahnen einkleistern sollten oder die Wand, oder aber wie Sie die Tapete später wieder ablösen.

## Wie viele Rollen brauche ich?

Auf der Rolle ist oftmals vermerkt, wie viele Quadratmeter Sie damit tapezieren können. Sie müssen zuhause nur noch die Wandfläche ausmessen. Ziehen Sie dabei die Flächen von Türen und Fenstern nicht ab, so haben Sie automatisch genug für Sturz und Laibung am Fenster und ein paar Meter auf Reserve. Kaufen Sie am besten eine Rolle mehr, dann sind Sie auf der sicheren Seite. Das ist die einfachste Methode.

Gegebenenfalls müssen Sie bei der Bedarfsermittlung den so genannten „Rapport“ beachten, d. h. den Abstand, in dem sich Muster oder Strukturen auf der Tapete wiederholen, die im Nahtbereich zusammengesetzt werden. In diesem Fall müssen Sie die Tapete versetzt anbringen und haben damit entsprechend viel Verschnitt.

## Verschiedene Tapeten

Sowohl **Raufaser-** wie auch **Papiertapeten** bestehen aus mehreren Lagen Papier. Da sich die Fasern beim Kontakt mit Kleister ausdehnen, müssen die Bahnen zuerst einweichen, bevor sie an die Wand gebracht werden. Beachten Sie die Weichzeiten nicht, verzieht sich die Tapete an der Wand und es gibt unschöne Wellen oder Blasen oder die Nahtstellen zwischen den Bahnen werden unsauber.

Der Klassiker unter den Wandbekleidungen ist die **Raufaser**. Sie hält nicht nur viel aus, sondern ist auch für den Anfänger leicht zu verarbeiten und kann nach Herzenslust sogar mehrfach überstrichen werden. Raufaser lässt sich aus Recyclingfasern herstellen und ist damit besonders umweltfreundlich. Kein Wunder, dass sie so beliebt ist.

Die **Papiertapete** bietet eine Vielfalt an Mustern und – als Prägetapete – auch Strukturen. Damit steht sie der Profiltapete aus Kunststoff in nichts nach. Im Gegenteil: Da hier kein PVC verwendet wird, ist sie sogar umweltfreundlicher. Die Papiertapete besteht in der Regel aus zwei, als besonders hochwertige, gut zu verarbeitende Prägetapeten mit glatter Rückseite sogar aus drei Lagen. Damit ist eine besonders robuste Struktur gewährleistet, die auch bei der Verarbeitung und einem folgenden Anstrich erhalten bleibt.

Besonders einfach geht's mit **Vliestapeten**. Außerdem können Sie sich hier die Weichzeiten sparen, denn der speziell abgestimmte Kleister kommt direkt auf die Wand. Die Vliesfaser ist formstabil, d. h., sie dehnt sich nicht aus und kann sogar feine Risse in der Wand überbrücken. Es gibt sie in den verschiedensten Ausführungen – und sogar in Raufaseroptik! Das **Rauvlies** kombiniert die guten Eigenschaften der Raufaser mit denen einer Vliesfasertapete. Der Clou: Wie alle Vliesfasertapeten lässt sich auch das Rauvlies später beim Renovieren trocken von der Wand abziehen.

**RECHENBEISPIEL**

Sie können statt mit Quadratmetern auch mit den Maßen der Rolle arbeiten. Wenn Sie es ganz genau wissen wollen, ziehen Sie bei der Berechnung des Raumumfangs Fenster und Türen ab, nicht aber die Laibung der Fenster. Dann müssten Sie bei ansatzfreien Tapeten aber noch ca. 15 % Verschnitt hinzurechnen.

- Raumumfang : Breite der Tapetenbahn = Gesamtanzahl Bahnen
- Gesamtanzahl Bahnen x Raumhöhe = Anzahl lfd. Meter
- Länge einer Rolle : Raumhöhe = Bahnen pro Rolle
- Gesamtanzahl Bahnen : Bahnen pro Rolle = Gesamtanzahl Rollen

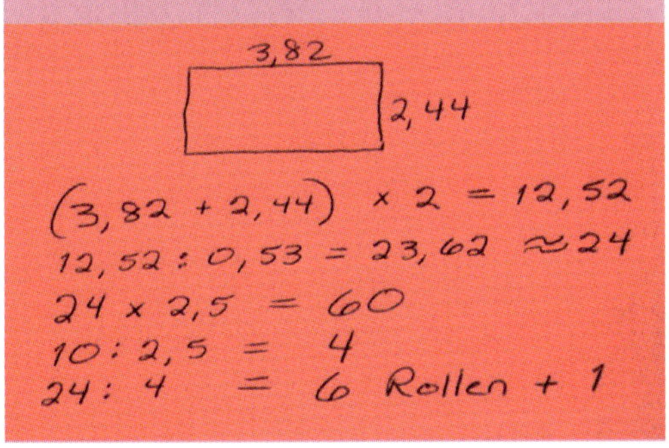


**WISSENSWERT**

Erfunden wurde die Raufaser bereits im Jahre 1864 von Hugo Erfurt. Ihr ursprüngliches Einsatzgebiet waren Schaufenster, wo sie als Dekorationspapier verwendet wurde. Außerdem kam sie bei der Herstellung von Leimdrucktapeten zum Einsatz.

**TIPP**

Raufaser gibt es in verschiedenen Ausführungen von fein bis grob, je nach Größe der Holzstückchen, die zwischen die meist drei Papierlagen eingearbeitet sind. Beim Nachkauf sollten Sie auf die Übereinstimmung der Körnung achten.

**TIPP**

Es gibt natürlich noch andere Tapetenarten. Lassen Sie sich am besten im Handel beraten, welche für Sie optimal geeignet ist.

10

# Richtig tapezieren

**WERKZEUGE**

- Tapeziertisch
- Zollstock
- Wasserwaage und Bleistift
- Beschneidelineal
- Tapezierschere bzw. Cuttermesser
- Kleisterbürste
- auf die Tapete abgestimmter Kleister
- Eimer und Rührstab
- Tapezierbürste bzw. -spachtel
- Moosgummirolle und Nahtroller
- Andrückspachtel

## Raufaser- und Papiertapeten tapezieren

**1** Vor dem Tapezieren die Rahmen von Schaltern und Steckdosen sowie die Fußleisten entfernen. So bekommen Sie an diesen Stellen saubere Übergänge.

**2** Die Bahnen zuschneiden, dabei zur Raumhöhe 10 cm hinzugeben. Auch an die kürzeren Bahnen am Fenster denken, in die der Sturz mit eingerechnet wird.

**3** Die Bahnen von der Mitte nach außen hin einkleistern. Dabei die Bahn an die seitliche, vordere Kante des Tapeziertisches anlegen und zuerst die vordere Hälfte einkleistern, von der Mitte zu den Rändern hin. Dann die Bahn nach hinten ziehen und ebenso mit der hinteren Hälfte verfahren. So kommt kein Kleister auf den Tisch.

**TIPP**

Immer nur so viele Bahnen einkleistern, wie auch innerhalb der Weichzeit verarbeitet werden können.

**4** Die Bahnen einlegen: zwei Drittel oben, ein Drittel unten. Dabei die Tapete nicht einknicken und Kanten genau übereinander legen.

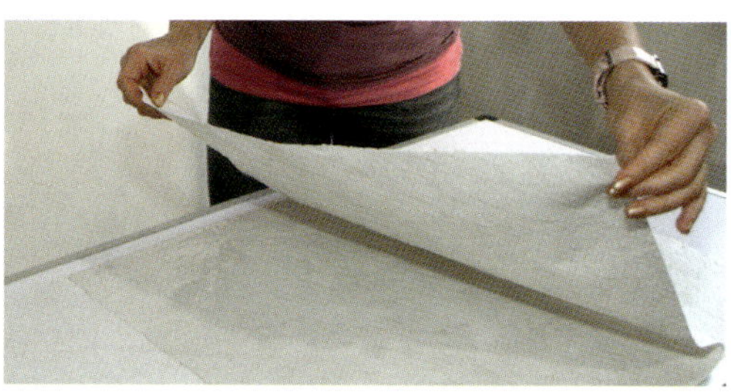

**TIPP**

Die Bahnen zusätzlich mehrfach umschlagen. Das verhindert das zu schnelle Austrocknen der Kanten und erleichtert das Handling.

**5** Während der Weichzeit die erste Bahn mithilfe der Wasserwaage anzeichnen.

**TIPPS**

Da die Zimmerecken nicht immer lotrecht sind, bringen Sie die Bahnen am besten so an, dass der Überstand in den Ecken abgeschnitten werden kann.
An Wänden mit Fenstern fangen Sie am Fenster an und arbeiten sich in die Ecken vor. Die Tapetenbahnen dabei in Verlängerung um die Laibung bzw. den Sturz passend zuschneiden und einkleben.
Tapezieren Sie mit dem Lichteinfall, so fallen die Nähte weniger auf.

**SO GEHT'S LEICHTER**

Als Schneidehilfe empfiehlt es sich, die Maße auf dem Tapeziertisch zu markieren (z. B. mit Klebeband) oder die erste Bahn als Maßgabe für weitere zu nutzen. Beim Schneiden können Sie alternativ Schere oder Cuttermesser benutzen. Verarbeiten Sie Raufaser, sollten Sie beim Zuschnitt an der Wand lieber zur Schere greifen, denn mit dem Messer reißt die Bahn wegen der Holzfasern schnell ein.

**6** Ein Vorkleistern der Wand erleichtert das Ausrichten der Tapete, die mit einigen Zentimetern Überstand nach oben angelegt, schließlich ganzflächig angebracht und mit einer Tapezierbürste zu den Seiten hin glatt gestrichen wird.

**7** Überstände oben und unten mit dem Andrückspachtel in die Ecke drücken und entlang des Knicks mit dem Cuttermesser oder mit der Tapezierschere abschneiden.

## Vliestapeten tapezieren

**1** Die Wand nach Herstellerangaben mit einem speziellen Tapetenkleister für Vliestapeten einkleistern.

**2** Auf die Wand geklebt wird die formstabile Tapete entweder zugeschnitten oder direkt von der Rolle. Ausrichten, abschneiden – das alles ist dann fast wie bei der Raufaser.

**MIT VLIESTAPETEN UM FENSTER TAPEZIEREN**

Bei Vliestapeten empfehlen wir um Fenster herum folgende Vorgehensweise:

**1** Die erste Bahn so weit überstehend aufkleben, dass die Laibung (= seitliche Innenkante am Fenster) damit abgedeckt wird.

**2** Oben an der Kante und zur Fensterbank hin den Überstand sauber einschneiden und in die Laibung kleben. Den Überstand oberhalb des Fensters entfernen.

**3** Für den Bereich oberhalb des Fensters inklusive Sturz (= Innenkante oben) eine zweite Bahn passend zuschneiden und auf Stoß an die bereits geklebte Bahn ansetzen. Den Überstand in den Sturz umlegen.

**4** Überstände in den Sturz drücken und mithilfe des Beschneidelineals und des Cutters abschneiden.

PROFI-TIPP
VON ELAINE
& INES

**DOPPELNAHTSCHNITT**

Noch genauer geht es um die Fenster herum bei Vliestapeten mit dem so genannten Doppel(naht)schnitt zu.

1 Die erste Bahn wie bereits beschrieben ansetzen.

2 Dann die zweite Bahn über dem Fenster überlappend zur ersten ansetzen, und zwar so weit, dass sie ein Stückchen neben der Laibung anfängt.

3 Durchtrennen Sie beide Tapetenlagen entlang des Lineals mit einem scharfen Messer in Verlängerung der seitlichen Fensterkante.

4 Entfernen Sie nun die losen Stücke beider Tapetenlagen, also die der oberen Lage und die der darunter liegenden ersten Bahn. Hierzu die zweite Bahn wieder abheben und das abgetrennte Stück von der Wand ziehen. Sie haben jetzt passgenaue Stoßkanten. Bei Tapeten mit Muster müssen Sie hier allerdings vorsichtig sein, um die schönen Übergänge nicht zu gefährden.

5 Ggf. nachkleistern und die Nahtstellen mit einem Nahtroller andrücken.

# Farben

13

Mut zur Farbe! Dieser Zuspruch kann gar nicht oft genug wiederholt werden, wenn es darum geht, in den eigenen vier Wänden Rolle oder Pinsel zur Hand zu nehmen. Oft ist es nur die Angst, sich „im Ton zu vergreifen", die einer Gestaltung jenseits vom Einheitsweiß im Wege steht. Jetzt würde der Psychologe sagen: Angst macht nur das, was man nicht kennt. Wenn Sie sich also vertraut machen mit Farben, ihrer Wirkung, unterschiedlichen Techniken und Produkten und den vielen Möglichkeiten, Farbe einzusetzen, werden Sie merken, wie viel Spaß das Gestalten macht. Sehen Sie dieses Kapitel als einen ersten Schritt in eine bunte Wohnwelt.

## Farbwirkung

Um einen Moment lang bei der Psychologie zu bleiben: Farben haben Einfluss darauf, was ein Raum ausstrahlt und wie wir uns darin fühlen. Auch mit weißen Wänden können Sie tolle Effekte erzielen – wie mit jeder Farbe. Wichtig bei der Gestaltung ist lediglich das Wissen um die grundlegende Wirkung, in die der folgende Abriss einen kleinen Einblick geben soll.

- Weiß gehört wie Schwarz zu den so genannten Nicht-Farben. Es reflektiert das Licht, macht einen Raum entsprechend hell und lässt ihn größer erscheinen. Vor Weiß wirken andere Farben bunter. Ein weiß gestrichener Raum suggeriert Klarheit und Sauberkeit bis hin zur Sterilität, was in der negativen Umkehr kalt und abweisend wirken kann.
- Schwarz absorbiert das Licht, d. h. schluckt vereinfacht gesagt die Farben. Ein kleiner Raum kann durch viel Schwarz bedrückend und eng wirken.
- Rot dagegen sprudelt vor Energie und gibt diese an das Umfeld ab. Nicht umsonst ist Rot die Farbe der Leidenschaft. Rote Wände wirken belebend, was Sie sich z. B. in einem Esszimmer zu Nutze machen können. Da wird es nicht nur den Appetit, sondern auch das ein oder andere gute Gespräch anregen. Doch Vorsicht: Rot kann auch aggressiv machen.
- Orange ist eine tolle Farbe für alle, die die belebende Wirkung ähnlich der von Rot nutzen möchten, ohne den aggressiven Beigeschmack zu riskieren.
- Gelb lässt im übertragenen Sinne die Sonne ins Zimmer und damit Wärme, Lebensfreude und Heiterkeit. Es entfaltet seine Wirkung auch und gerade in Kombination mit anderen Farben. Man sagt, Gelb fördere die Konzentration. Probieren Sie es aus. Vielleicht entwickeln Sie im Büro beim Anblick von Gelb eine ganz neue Produktivität.
- Blau ist die dritte Grundfarbe neben Rot und Gelb. Im Gegensatz zu Rot ist Blau kühl – im negativen Extrem vielleicht kalt. Aufgrund seiner ausgleichenden und beruhigenden Wirkung ist es dort gut aufgehoben, wo Sie entspannen möchten, z. B. im Schlafzimmer. Blau können Sie auch nutzen, um kleine, niedrige Räume optisch zu vergrößern. Denken Sie an die Weite des blauen Himmels!
- Grün ist – last but not least – im wahrsten Sinne des Wortes angenehm fürs Auge. Es wirkt frisch und belebend und strahlt Natürlichkeit aus. Es ist weder kalt noch warm und wird daher als ausgleichend empfunden. Diese Wirkung können Sie sich in der Kombination mit anderen Farben zu Nutze machen.

Wichtige Aspekte bei der Gestaltung sind außerdem die Farbschattierung und die Fläche, die gestrichen wird, denn zu viel des Guten bewirkt auch in Sachen Farbe bisweilen das Gegenteil. Effekte erzielen Sie außerdem durch die Aufteilung und Kombination von Farbflächen. Als einfaches Beispiel sei hier die Hingucker-Wirkung von Farbkontrasten genannt oder der Effekt von Längs- und Querstreifen, die eine nach oben streckende bzw. verbreiternde Wirkung haben.

**TIPP**
Die Wirkung von Farben wird mithilfe spezieller Farbdesign-Programme aus dem Internet besonders anschaulich, die viele Farbhersteller anbieten. In Beispielfotos von Räumen lassen sich hier einzelne Flächen auswählen und mit unterschiedlichen Farbtönen einfärben. So finden Sie schnell Ihre persönliche Lieblingskombination. Der Service im Internet ist in der Regel kostenlos. Je nach Anbieter können Sie gegen eine kleine Gebühr auch eigene Digitalfotos einschicken und bearbeiten lassen. Per Mausklick experimentieren Sie dann bequem, schnell und ohne Risiko mit den eigenen vier Wänden und sehen sehr konkret, wie diese mit unterschiedlichen Farben aussehen.

**FARBFÄCHER**
Um herauszufinden, welche Farben miteinander harmonieren oder einen besonders schönen Kontrast bilden, sind verstellbare Farbräder eine große Hilfe. Sie geben Ihnen einen guten und praktisch orientierten Einblick in die Grundlagen der Farbenlehre.

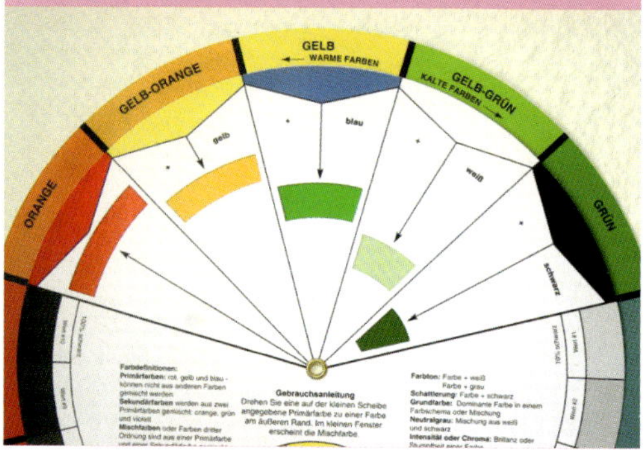


## Farbtöne mischen

Da Sie nahezu jeden Farbton mischen (lassen) können, steht Ihnen zum Gestalten ein fast unendlich breites Farbspektrum zur Verfügung. Sie können z. B. reine Farben mischen, wie Rot und Blau zu Violett, oder aber einen einzigen Farbton heller oder dunkler schattieren und jeweils die Ausgangs- wie Mischfarben kombinieren.
Viele Wege führen nach Rom und auch zur Wunschfarbe. Nur den nachfolgenden sollten Sie lieber nicht einschlagen, sofern Sie nicht absolut sicher sind, dass Ihre Farbe für alle zu streichenden Flächen reicht: Die Rede ist vom Mischen ohne feste Mengenverhältnisse. Sollten Sie nachmischen müssen, werden Sie den Ton nie wieder genau treffen!
Absolut sicher und dazu noch kinderleicht sind dagegen folgende Methoden:

- Das Mischen mit aufeinander abgestimmten **Farbsystemen aus dem Baumarkt**. Dazu gehören die Grundfarbe, wie etwa eine weiße Dispersion, und z. B. Voll- und Abtönfarben in praktischen Dosiereinheiten. Die Anzahl dieser einfach zu handhabenden Gebinde auf eine vorgegebene Menge der Grundfarbe bestimmt die Intensität des Farbtons, der auf einer zugehörigen Farbskala abgelesen werden kann. Mischen Sie die Farben gründlich durch.

- Das **Mischen im Baumarkt**. Viele Baumärkte bieten einen Farbmischservice an. Einfach den Wunschfarbton anhand von Farbkarten auswählen und anmischen lassen.

**TIPP**
Die Karten können Sie mit nach Hause nehmen und dort in Ruhe schauen, ob sich die ausgewählten Farbtöne mit Ihrer Einrichtung „beißen“ oder so harmonieren, wie Sie es sich vorgestellt haben.

- Das **Mischen nach Farbmuster durch Einscannen**. Auch das geschieht im Baumarkt. Einfach den Gegenstand mit dem gewünschten Farbton mitbringen (wie z. B. das türkisfarbene Kissen im Kapitel „Auf Mondrians Spuren“, siehe Seite 26 ff.). Die Farbe wird vom Computer erfasst, anhand von fein differenzierten Farbdaten berechnet und angemischt. Das Rezept der Farbe wird auf dem Eimer vermerkt, so dass jederzeit nachgemischt werden kann.

## Kleine Farbkunde

Achten Sie bei Farben wie auch beim Werkzeug auf Qualität. Es lohnt sich, auch wenn es vielleicht ein bisschen mehr kostet.

Wahrscheinlich müssen Sie einmal weniger streichen, weil die Deckkraft besser ist, oder Sie können die trockene Farbe besser reinigen. Dann hat sie eine höhere Nassabriebbeständigkeit, die auf dem Eimer in Klassen angegeben ist. Entscheiden Sie sich mindestens für Klasse 3, besser noch 2. Auch die Deckkraft und der Glanzgrad sind auf dem Etikett vermerkt.

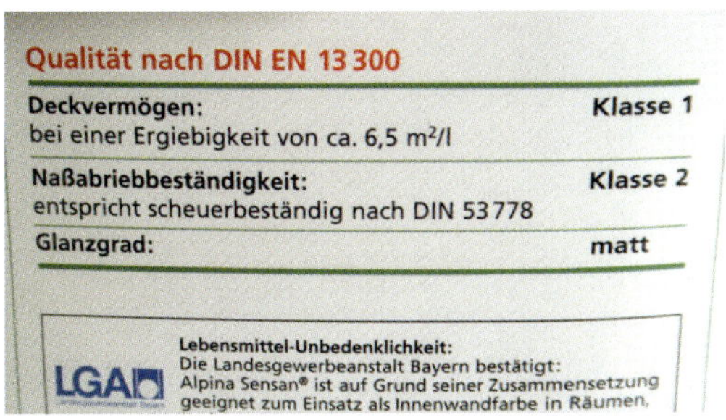


Aus den vielen Arten von Farbe seien hier nur zwei für Innenräume besonders wichtige genannt: die Dispersions- und die Latexfarbe. Bei der **Dispersionsfarbe** handelt es sich um die am häufigsten verwendete Farbe. Sie heißt so, weil in ihr nicht wasserlösliche Bindemittel in Wasser verteilt sind (lat. „dispergere" = verteilen). Die Farbe selbst jedoch ist mit Wasser verdünnbar. Es gilt: je höher der Bindemittelanteil, desto hochwertiger die Farbe.

Handelt es sich um eine sehr hochwertige, robuste Farbe mit besonders feinen Bindemittelteilchen und Pigmenten in hoher Konzentration, so spricht man gerne von **Latexfarben** – nicht zuletzt auch deshalb, weil die milchig-weiße Flüssigkeit dieser speziellen Art der Dispersion an Kautschukmilch erinnert. Latexfarben gibt es von matt bis hochglänzend, und sie sind diffusionsoffen, d. h., sie sperren die Wände nicht ab.

**TIPP**

Eine hochglänzende Wand kommt erst auf einem absolut glatten Untergrund richtig zur Geltung. Beachten Sie, dass hochglänzende Farbe auch kleine Unebenheiten sichtbar macht und bereiten Sie Ihre Wände entsprechend sorgfältig vor.

Wenn Sie statt einfarbig gestrichener Wände Effekte bevorzugen, Ihre Wände gerne mit Akzenten versehen oder besondere Maltechniken anwenden wollen, kommen Sie heute schneller zum Ziel denn je. Der Handel hält jede Menge Spezialprodukte mit aufeinander abgestimmten Komponenten und Werkzeugen bereit, die es auch einem Laien ermöglichen, seine Wände richtig professionell aussehen zu lassen. Beispiele für solche Wandgestaltungen finden Sie in diesem Buch („Farbe und Licht", siehe Seite 24 ff., oder „Wanddeko to Go", siehe Seite 54 ff.) sowie auf der begleitenden DVD.

## Ein Wort zu Gütesiegeln und Verträglichkeit

Neben den üblichen Klassifizierungen auf dem Etikett, die etwas über die Qualität einer Farbe aussagen, lohnt es sich auch, auf Gütesiegel und Zertifizierungen zu achten. Das wohl bekannteste Siegel ist der „Blaue Engel". Er gibt Aufschluss über die Verträglichkeit eines Produktes im Hinblick auf Umwelt und Gesundheit. Der Blaue Engel erfordert die Angabe der Inhaltsstoffe auf dem Gebinde und legt Richtlinien für die Eigenschaften der Farben verbindlich fest. Dazu gehören eine Begrenzung des Anteils an Löse- oder Konservierungsmitteln. Krebserregende, giftige oder ähnlich gefährliche Stoffe dürfen gar nicht enthalten sein. Hinter dem Siegel verbirgt sich die Bezeichnung RAL-ZU 102, vergeben durch RAL, dem Deutschen Institut für Gütesicherung und Kennzeichnung e.V.
Auch der TÜV kontrolliert Farben nach strengen Maßstäben auf ihre Inhaltsstoffe und ist damit ein gutes Indiz für Qualität. Suchen Sie beispielsweise eine Farbe, die wegen ihrer Zusammensetzung besonders für Allergiker geeignet ist, so gibt hier ein TÜV-Zertifikat Aufschluss.

DER BLAUE ENGEL
weil emissionsarm
JURY UMWELTZEICHEN

TÜV NORD Systems
TÜV NORD Systems GmbH & Co. KG
Freiwillige Materialprüfung nach TÜV NORD Standard
Für Allergiker geeignet
Innenwandfarbe aus allergen- und schadstoffkontrolliertem Material
3.2-192/00

**WISSENSWERT**

Weiße Allergikerfarbe dürfen Sie nur mit speziell auf das Produkt abgestimmten Konzentraten abtönen, wenn Sie alle Eigenschaften der Farbe erhalten möchten. Beachten Sie diesen Aspekt auch bei Farben, die das Raumklima regulieren, indem sie unter Lichteinfluss Schadstoffe abbauen. Werden sie mit nicht abgestimmten Produkten vermischt, können sie nicht mehr richtig funktionieren.

16

# Richtig Streichen

**WERKZEUGE UND HILFSMITTEL**

- Abdeckfolie
- Malerkrepp (zum Abkleben)
- Acryl aus der Kartusche (für Kanten)
- Heizkörperpinsel
- Flach- und Rundpinsel (für die Ecken)
- Steckbügel für Walzen und die Walzen selbst (abgestimmt auf Farbe und Untergrund, z. B. glatte Wände, Putz oder Raufaser)
- Teleskopstange
- Abstreifgitter

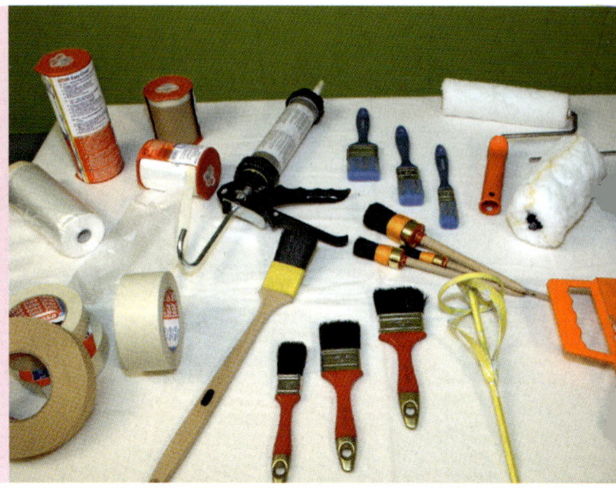

**TIPP**
Pinsel und Rollen sollten vor dem ersten Gebrauch ausgewaschen und vor Benutzung angefeuchtet werden.

## Streichen Schritt für Schritt

**1** Den Boden und ggf. im Raum verbleibende Möbel abdecken, Kanten abkleben.

**TIPP**
Das Abdecken und Abkleben wird vereinfacht, wenn Sie dazu Folie benutzen, die es schon komplett mit Malerkrepp zu kaufen gibt. Für empfindliche Untergründe gibt es speziellen Malerkrepp.

**PROFI-TIPP VON ELAINE & INES**

**ABDICHTEN MIT ACRYL**
Bei voneinander abgetrennten Farbflächen auf der Wand können Sie mit Acryl für saubere Kanten sorgen, besonders wenn der Untergrund uneben und ein akkurates Abkleben daher schwierig ist. Geben Sie nach dem Abkleben zusätzlich Acryl auf die an die Farbfläche angrenzende Klebekante und streichen es mit dem Finger glatt. Wichtig ist, dass Sie den Malerkrepp abziehen, so lange Farbe und Acryl noch feucht sind.

**2** Die Farbe gut aufrühren und zunächst die Decke streichen. Dabei zuerst die Kanten bearbeiten.

**TIPP**

Für die Decke gibt es spezielle Farbe, die dickflüssiger ist und daher nicht so schnell tropft.

**3** Ebenso mit der Wandfarbe verfahren und auch bei den Wänden zunächst die Kanten streichen.

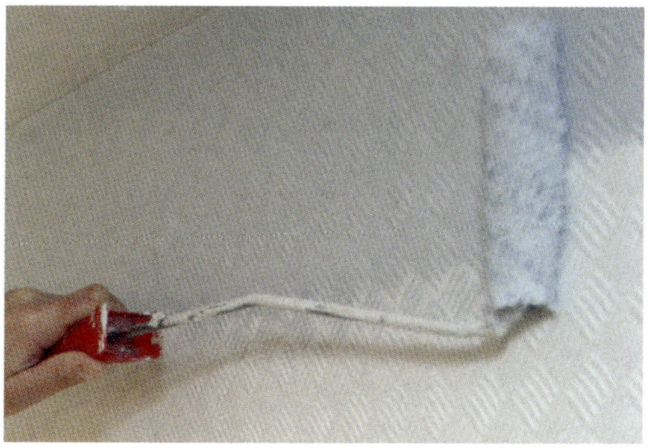

**TIPP**

Sind Sie noch ungeübt, sollten Sie sich Wand für Wand vorarbeiten, damit die Farbe in den Ecken noch feucht ist, wenn die Fläche gestrichen wird. Sonst riskieren Sie dunklere Ränder und damit einen „Bilderrahmeneffekt". Der entsteht nicht nur durch das Überstreichen der bereits getrockneten Farbe, sondern auch dann, wenn mit dem Pinsel die Farbe dicker aufgetragen wird als mit der Rolle.

**4** Die Rolle von oben nach unten am Abstreifgitter entlang in die Farbe tauchen, aber niemals ganz eintauchen.

**5** Die Farbe möglichst in voller Länge vom Boden bis zur Decke aufrollen, um Ansätze zu vermeiden. Bahnenweise arbeiten.

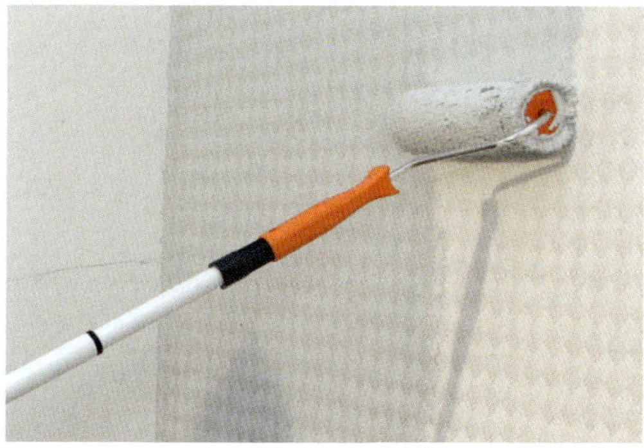

**6** Die nächste Bahn im ungestrichenen Bereich ansetzen und wie beschrieben die Farbe verteilen. Mit der ausgerollten Walze etwa eine Walzenbreite in den bereits gestrichenen Bereich hinein arbeiten und dann wieder zurück, um nasse Übergänge zu gewährleisten.

**7** Eine Wand komplett von einem Ende zum anderen durcharbeiten, um Ansätze zu vermeiden.

**WISSENSWERT**

Zum Streichen muss die Temperatur mindestens 5 °C betragen. Ideal für einen Anstrich und die Trocknung sind Temperaturen zwischen 10 und 25 °C. Achten Sie beim Trocknen auf eine gute Belüftung des Raumes.

18

# Wellenspiel

Kennen Sie das Gefühl: Sie gehen durch einen Baumarkt, sehen die ganzen verschiedenen Tapeten und Farben und können sich einfach nicht für ein bestimmtes Produkt entscheiden? Das macht nichts, denn Vielfalt ist erlaubt! Eine pfiffige Wandaufteilung erlaubt einen Materialmix – wie hier und auch auf der DVD zu sehen!

Sehr außergewöhnlich, aber ganz leicht nachzumachen – die Welle.

1 Die Stirnwand (= dreifarbige Wand) mit glatter Vliestapete für kreatives Gestalten, die restlichen Wände mit Papierprägetapete in Riffelblechoptik tapezieren. Dafür den jeweils empfohlenen Kleister verwenden!

2 Nach dem Trocknen erhält die Papierprägetapete einen Anstrich mit abgetönter Latexfarbe in Silber-Anthrazit.

**TÄUSCHEND ECHTER GLANZ**
Der Glanz der Latexfarbe lässt die Tapete täuschend echt in Riffelblechoptik erstrahlen.

3 Mit dem Bleistift frei Hand eine schön geschwungene Welle vorzeichnen, die über Stirn- und Seitenwand verläuft. Indem die Wellenlinien über zwei Wände laufen, wird die Ecke gebrochen. Anschließend die Welle mit altrosa abgetönter Latexfarbe streichen, das bildet einen schönen Kontrast zu den metallischen Tönen.

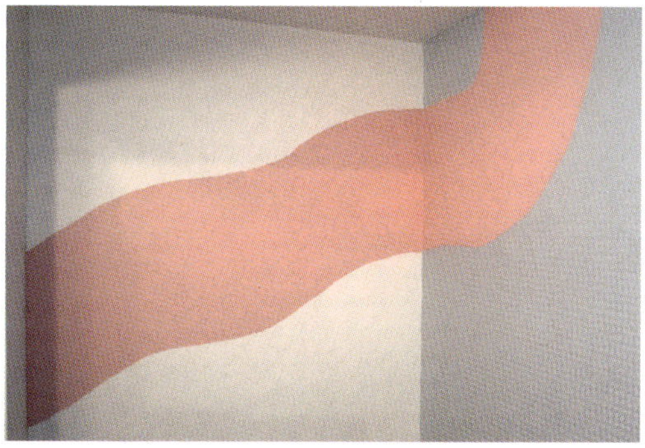

**TIPP**
Die Welle muss bei diesem Arbeitsschritt an der Stirnwand noch nicht abgeklebt werden, da die angrenzenden Flächen später auch einen Anstrich erhalten. Dabei wird dann die Farbe, die über die Linie gegangen ist, einfach wieder mit überstrichen. Bei der Seitenwand empfiehlt sich das Abkleben.

**SCHWIERIGKEITSGRAD**

**ZEITAUFWAND**

**KOSTEN**
€€€

**WISSENSWERT**
Bei der Strukturfarbe handelt es sich um einen Leichtputz, der in der Handhabung genauso einfach ist wie Wandfarbe. Die Farbe kann sowohl abgetönt als auch lasiert werden. Sie wird einfach aufgerollt und mit Bürste oder Marker individuell gestaltet. So entstehen unterschiedliche Strukturen, die jeder Wand einen außergewöhnlichen Charakter verleihen.

**MATERIAL**

glatte Vliestapete für kreatives Gestalten

Papierprägetapete in Riffelblechoptik

passender Kleister

Latexfarbe in Weiß

Abtönfarbe in Silber-Anthrazit und Altrosa

- Strukturfarbe und darauf abgestimmtes Finish in Silber sowie Abtönfarbe in einem Silberton
- Malerkrepp für Rundungen (Kreativkrepp)
- Malerkrepp mit integrierter Abdeckfolie
- Acryl (optional)

**WERKZEUGE**

- Akkubohrer mit Quirlaufsatz
- Standardwerkzeug zum Tapezieren
- Standardsatz Pinsel und Rollen
- Spezialbürste, -rolle und -marker für Strukturfarbe
- Bleistift

**4** Die Fläche um die Welle mit Malerkrepp für Rundungen abkleben. Dann über dieses Kreppband noch mal Malerkrepp mit integrierter Abdeckfolie kleben und mit der altrosa Wandfarbe versiegeln. So kann später nichts von der Strukturfarbe unter den Krepp laufen. Beim Abkleben die angrenzende Wand nicht vergessen und gegebenenfalls mit Acryl abdichten!

**TIPP**
Malerkrepp mit integrierter Abdeckfolie eignet sich hier besonders, weil die Welle durch die auffaltbare Folie vor möglichen Farbspritzern bei späteren Arbeitsgängen geschützt ist.

**5** Mit der Spezialbürste die Strukturfarbe satt auf die Wand oberhalb der Welle auftragen und mit der Bürste in Form bringen. Hier wird die Bürste so geführt, dass sich in der Struktur die Wellenform widerspiegelt. Den Krepp entfernen, solange die Strukturfarbe noch feucht ist.

**TIPP**
Um eine gleichmäßige Struktur zu erhalten, müssen zusammenhängende Flächen in einem, also ohne Pause, bearbeitet werden.

**6** Für unten die Strukturfarbe mit silberner Abtönfarbe mischen. Die Rolle anfeuchten und dann die Strukturfarbe großzügig auf die Fläche auftragen.

**7** Um unten wieder die Dynamik der Welle aufzunehmen, den Marker so über den Auftrag fahren, dass eine Fischschuppenoptik entsteht.

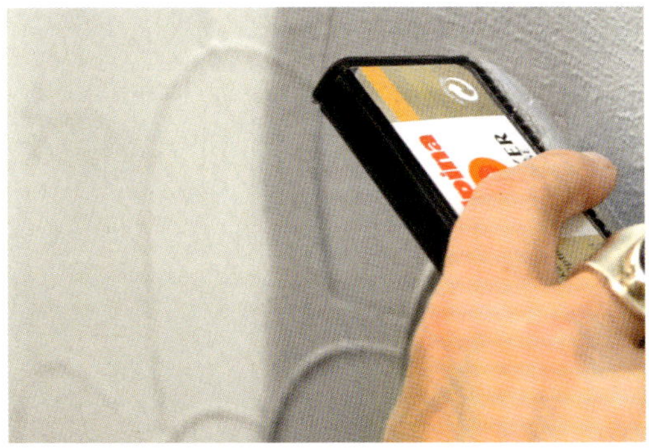

**8** Nach der Trocknungszeit die obere Fläche mit silbernem Finish veredeln. Das Finish wird mit der Rolle aufgetragen und mit der Bürste verstrichen. Dadurch erhält die Struktur des Leichtputzes einen glänzenden Schimmer.

**AUCH IN GOLD**
Das Finish gibt es alternativ auch mit einem goldenen Perlglanzeffekt.

# Spiel mit Farbe, Form & Struktur

Sie können Ihre Wände auf vielfältige Art und Weise umgestalten. Hier sehen Sie, wie Sie drei Komponenten miteinander kombinieren können: einen herkömmlichen Wandanstrich, geometrische Formen und einen effektvollen Einsatz von Spezialprodukten. Als Grundfarbe bekommt die Wand ein frisches Petrol. Petrol- und Türkistöne liegen gerade absolut im Trend. Darauf kommt ein Kreis als Hingucker, der zusätzlich mit Effektfarbe betont wird – eine Kombination, die es in sich hat!

Ein Hingucker! Weitere Bilder würden hier den Gesamteindruck nur stören!

# 22

**SCHWIERIGKEITSGRAD**

**ZEITAUFWAND**

**KOSTEN**

€€€€

**MATERIAL**

- glatte Vliestapete für kreatives Gestalten
- Kleister für Vliestapeten
- Wandfarbe in Weiß
- Voll- und Abtönfarbe in praktischen Dosiereinheiten, hier Blauton „marit"
- Effektfarbsystem (bestehend aus farbloser Basis mit weißen Akzentelementen und Abtönkonzentrat in Petrol)
- Malerkrepp für Rundungen (Kreativkrepp)

**WERKZEUGE**

- Akkubohrer mit Quirlaufsatz
- Standardsatz Pinsel und Rollen
- Standardwerkzeug zum Tapezieren
- Bürste
- Wischer
- Linomatroller (optional)
- Hammer
- Nagel
- Paketschnur
- Bleistift
- Rührstab

**WISSENSWERT**

Im Handel gibt es spezielle Tapeten, die den idealen Untergrund für kreatives Gestalten bieten. Das Praktische: Bei dieser Kreativtapete handelt es sich um Vliesfasertapete, die trocken auf die eingekleisterte Wand angebracht wird und ebenso trocken wieder abgezogen werden kann. Das macht das Gestalten und spätere Renovieren noch leichter und ist daher toll für Mietwohnungen geeignet, wo der mutige Griff zum Farbtopf bisher an dieser Hürde scheiterte.

**1** Die Wand zunächst mit einer glatten Tapete für kreatives Gestalten tapezieren.

**2** Mit dem Akkubohrer samt Quirlaufsatz die weiße Wandfarbe mit der Voll- und Abtönfarbe mischen. Die Wände mit der abgetönten Dispersion streichen.

**TIPP**

Um das Anmischen zu erleichtern, gibt es die Voll- und Abtönfarbe in praktischen Dosiereinheiten, die kinderleicht zu handhaben sind und immer aufs Neue den gewünschten Farbton garantieren.

**PROFI-TIPP VON ELAINE & INES**

**BESSER GEHT'S MIT DEM LINOMATROLLER**

Mit einem so genannten Linomatroller bekommen Sie perfekte Kanten beim Streichen hin. Die Walze hat einen Bügel mit Abstandshalter, der vor der Farbaufnahme abgeklappt wird und beim Streichen einen sauberen und geraden Abschluss garantiert. Zwischendurch müssen Sie den Bügel mit einem feuchten Tuch reinigen.

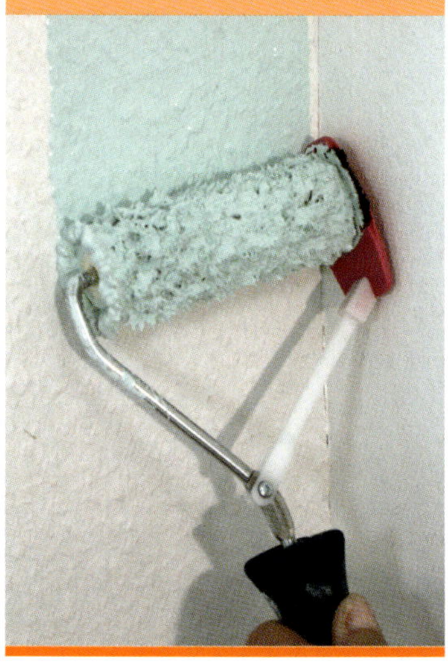

**3** Nach dem Trocknen mit einem Zirkel aus Nagel, Paketschnur und Bleistift (siehe auch „Ein Regenbogen fürs Kinderzimmer“, Seite 38) einen Kreis mit einem Durchmesser von 2 m (also mit einem Radius von 1 m) auf die Wand zeichnen.

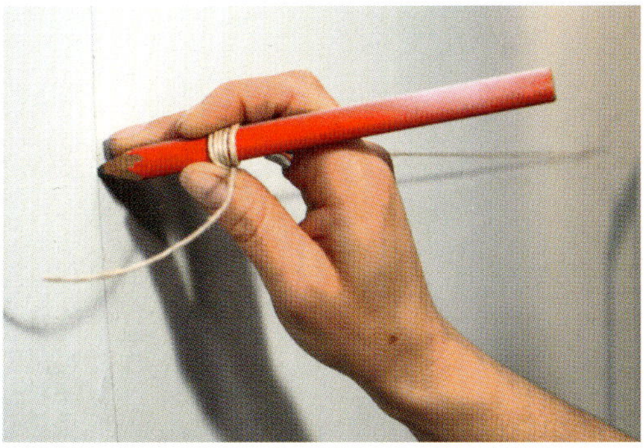

**4** Mit Malerkrepp für runde Formen den Kreis sauber abkleben und auf der nach innen gerichteten Seite mit der abgetönten Wandfarbe versiegeln.

**5** Die farblose Basis mit dem Abtönkonzentrat in Petrol mischen. Die Effektfarbe mit einer Bürste in der Kreisfläche kreuz und quer auftragen.

**6** Nachdem die Farbe ein wenig getrocknet ist, mit einem Wischer die Struktur zusätzlich verfeinern, damit die effektvollen Akzentelemente noch besser hervortreten.

**TIPP**
Für mehr Tiefenoptik wiederholen Sie den Anstrich nach dem Trocknen.

**ARBEITEN MIT EFFEKTFARBE**

Die farblose Basis von Effektfarben enthält kleine weiße Akzentelemente, die beim Anmischen mit Abtönfarbe keine Farbpigmente aufnehmen. Diese Teilchen heben sich später kontrastreich von der eigentlichen Farbe ab.

Mit Effektfarben können Sie Ihre Wände ganz individuell gestalten, denn beim Verwischen der Farbe kommt Ihre eigene Handschrift zur Geltung. Sie können die Farbe ganz nach Geschmack kreuz und quer oder kreisförmig auftragen. Die Handhabung ist so einfach, dass sie auch für Anfänger bestens geeignet und das effektvolle Ergebnis umso verblüffender ist.

24

# Farbe & Licht

Diese Idee zeigt Ihnen, wie Sie Ihre Wände mit Farbe und Licht stimmungsvoll in Szene setzen können. Im Baumarkt gibt es aufeinander abgestimmte Farbsysteme, die sich in diesem Fall besonders gut eignen. So kommt in dieser Gestaltung eine exklusive Wandfarbe mit einem Finish in Form von Farb- und Glitzerelementen zum Einsatz. Je nachdem, wie Sie das Licht wählen, schimmert das Effekt-Finish mehr oder weniger intensiv und lässt sich auf die von Ihnen gewünschte Atmosphäre abstimmen.

Das Zusammenspiel von Farbe und Licht sorgt für eine stimmungsvolle Wohnraumatmosphäre.

# 25

**SCHWIERIGKEITSGRAD**

**ZEITAUFWAND**

**KOSTEN**

**1** Zwei bereits vorbereitete Wände erhalten einen Anstrich mit der zum System gehörenden Wandfarbe in dunklem Mediterranrot.

**2** Nach dem Trocknen das Finish mit einer Bürste dünn auf die Wand auftragen. Das Finish dabei kreuz und quer auf der Wand verteilen, um einen möglichst belebten, ungleichmäßigen Effekt mit schönen Kontrasten zwischen der Wandfarbe und den Glitzereffekten zu erreichen.

**3** Die Wandleuchten von einem Elektriker anbringen lassen, denn Elektrik-Arbeiten wie Leitungen legen usw. sind etwas für den Fachmann! Hier wurden sechs Wandleuchten in gleicher Höhe links und rechts an der Wand angebracht. Die Position ist so gewählt, dass die Leuchten perfekt in die Symmetrie der Einrichtung passen.

### SPIEL MIT LICHT

Die Leuchten sollten Sie so auswählen, dass sie farblich zur neuen Wand und von den Formen her zur Einrichtung passen. Wenn Sie die besonderen Effekte der neuen Farbe noch unterstreichen möchten, dann variieren Sie das Licht einfach durch unterschiedliche Lampen. Von hellem über weiches bis zu abgetöntem Licht ergibt sich hier ein stimmungsvoller Verlauf.

- In die äußeren Leuchten (hier im Bild links) Halogenlampen schrauben. Die verbrauchen in diesem Fall 40 Watt, bringen aber 15 % mehr Leistung als herkömmliche Leuchtmittel.
- Die mittleren Leuchten bekommen Energiesparlampen in milchig-weißem Softtone. Das Tolle: Sie verbrauchen nur 12 Watt, leisten aber fünfmal soviel und verströmen zudem ein schönes weiches Licht.
- Die inneren Leuchten erhalten ebenfalls energiesparende Softtone-Leuchtmittel. Diese sind in einem warmen Terrakotta abgetönt, das sich schön mit der Wandfarbe ergänzt.

### MATERIAL

- Effektfarbsystem (bestehend aus einer Spezialwandfarbe in dunklem Mediterranrot und einem abgestimmten Finish mit Farb- und Glitzer-Elementen)
- 6 Wandleuchten
- diverse Leuchten zum Ausdekorieren
- 2 Halogenlampen
- Energiesparlampen in Softtone, 2 x in Milchigweiß und 2 x in Terrakotta abgetönt

### WERKZEUGE

- Standardsatz Pinsel und Rollen
- Bürste (zum Auftragen des Finishs)

### WISSENSWERT

Die Spezial-Wandfarben gibt es in verschiedenen Farbnuancen und zu jeder gibt es perfekt abgestimmte Finishs mit farblich passenden Farb- und Glitzerelementen, die für eine kontrastreich glitzernde Oberfläche sorgen. Die Effektfarben eignen sich für glatte Wände oder Raufasertapeten.

26

# Auf Mondrians Spuren

Wenn Sie Ihre Wände zu eintönig finden, dann müssen Sie nicht gleich alles neu streichen! Manchmal reicht es schon, sich nur eine Wand vorzuknöpfen – schon ist das Zimmer kaum wiederzuerkennen. Der Clou hier: Die „alte" Farbe wird einfach in die neue Wandgestaltung integriert. In unserem Fall war die Wand hellbeige. Unser darauf abgestimmtes Farbkonzept ging dann von einem türkisfarbenen Kissen aus und wurde durch zum Großteil selbst angemischte Braun-, Blau- und Grautöne ergänzt. Der Look erinnert wegen seiner durch Linien voneinander abgegrenzten, rechteckigen Farbflächen an Mondrian.

Klare Linien und Farbflächen sind hier Trumpf.

**1** Die beigefarbene Wand mit einem Kreuzlinienlaser in verschieden große Rechtecke aufteilen. Dazu die Anleitung des Herstellers beachten.

**2** Die Rechtecke mit 50 mm breitem Malerkrepp abkleben. Die Breite des Krepps ist so gewählt, dass die Linien in der Ursprungsfarbe der Wand später gut zu sehen sind.

**3** Die Rechtecke in Türkis-, Anthrazit- und Brauntönen streichen. Das Farbkonzept sollte vorher gut überlegt sein und zu der Ursprungsfarbe der Wand passen. Auch die Farben, die in der Einrichtung vorkommen, bieten Orientierungshilfen. Durch das gezielte Anmischen der Farben, zum Beispiel nach Farbkarten, lassen sich die Töne genau aufeinander abstimmen und schön differenzieren (zum Anmischen siehe auch Kapitel „Farben“, Seite 12).

**TIPP**

Da bei dieser Wandgestaltung mit viel Malerkrepp gearbeitet wird, wäre das Abdichten mit Acryl sehr aufwändig. Um hier das Verlaufen der Farben zu verhindern, empfiehlt es sich, dass Sie immer vom Kreppband weg streichen, d. h. von allen vier Seiten aus immer zur Mitte des Feldes hin.

**WISSENSWERT**

Piet Mondrian war ein holländischer Maler, dessen berühmteste Werke sich durch Farbflächen in strenger horizontaler und vertikaler Ausrichtung auszeichnen. Mondrian beschränkte sich in seinen Bildern hauptsächlich auf die Grundfarben, doch es spricht nichts dagegen, bei der Farbauswahl freier ans Werk zu gehen.

**MATERIAL**

- fertig gemischte Wandfarben in Türkis-, Anthrazit- und Brauntönen
- Malerkrepp, 50 mm breit

**WERKZEUGE**

- Standardsatz Pinsel und Rollen
- Kreuzlinienlaser

**SCHWIERIGKEITSGRAD**

**ZEITAUFWAND**

**KOSTEN**

€€

**WISSENSWERT**

Ein Kreuzlinienlaser ist ein praktisches Gerät, das einem oft das umständliche Hantieren mit Wasserwaage und Bleistift ersparen kann. Es gibt ihn für wenige Euro im Bau- oder Heimwerkermarkt zu kaufen.

28

# Passender Couchtisch

Ganz individuell und passend zur neuen Wand lassen sich auch Möbel gestalten. Ein kleiner Couchtisch rundet hier das Gesamtbild ab und ist schnell und einfach selbst gemacht.

**MATERIAL**

- großer Regalboden (als Tischplatte)
- 2 kleinere Regalböden (als Tischbeine, passend zur Tischplatte)
- Restholz, optional Winkel
- fertig gemischter Universal-Buntlack passend zu den Türkis-, Anthrazit- und Brauntönen der Wand
- Holzgrundierung
- Malerkrepp
- Schrauben (der Regaldicke angepasst)

**WERKZEUGE**

- Stichsäge
- Bohrschrauber
- Akkuschleifer mit 180er-Schleifpapier
- Heißklebepistole
- Handfeger
- kleine Farbrollen und Pinsel

**1** Zunächst den großen und die beiden kleinen Regalböden mit Holzgrundierung streichen. Nach dem Trocknen das Holz glatt schleifen, weil sich beim Grundieren die Fasern aufstellen. Nach dem Schleifen den anfallenden Holzstaub mit einem Handfeger entfernen.

**2** Nach dem Grundieren die Regalböden in einer der Wandfarben mit Universal-Buntlack lackieren. Hier ist es ein Anthrazit-Ton.

**3** Das Restholz zu Leisten zurechtsägen, die der Breite der Tischbeine (also der kleineren Regalböden) entsprechen und mit Universal-Buntlack lackieren. Die Leisten dienen zur Stabilisierung der Beine. Alternativ können aber auch Winkel benutzt werden.

**4** Auf der Unterseite der Tischplatte die Position der Leisten anzeichnen. Diese mit Heißkleber fixieren, vorbohren und an der Platte festschrauben.

**5** Dann die beiden kleinen Regalböden als Tischbeine an die Leisten halten, vorbohren und festschrauben.

**6** Die Tischplatte abschließend wie bei der Wand mit Malerkrepp in Felder aufteilen und in den gleichen Farbtönen wie die Wand lackieren.

**WISSENSWERT**
Holz hat die Eigenschaft, nicht gleichmäßig saugfähig zu sein. Deshalb sollten Sie vor dem Anstrich das Holz mit Holzgrundierung vorbehandeln. Beim Grundieren füllen sich die Holzporen, was die Saugfähigkeit neutralisiert.

Esoterikzimmer!

30

# Ein Traum aus 1001 Nacht

Kräftige Farben, Gold und Ornamentik verströmen ein warmes, orientalisches Flair, das zum Träumen einlädt. Wie Sie diese Elemente in Ihrer Wanddeko miteinander vereinen können, zeigt Ihnen der folgende Gestaltungstipp. Gearbeitet haben wir hier mit einer Schablone, mit deren Hilfe die kontrastreichen Goldornamente auf den vorher in Dunkelrosa gestrichenen Untergrund getupft werden. Der Vorteil von Schablonen: Die Handhabung ist kinderleicht – so zaubern auch ungeübte „Maler" die schönsten Muster auf ihre Wände.

Hier würde man am liebsten Tag und Nacht verbringen.

**MATERIAL**

- Wandfarbe in Dunkelrosa
- Effektlack in Gold
- Malerkrepp
- Reißzwecken
- Stück Pappe

**WERKZEUGE**

- Standardsatz Pinsel und Rollen
- speziell angefertigte Schablone mit Ornamenten (alternativ: stabile Folie oder Moosgummi, Folienstift, Cuttermesser)
- Schablonierpinsel

**SCHWIERIGKEITSGRAD**

**ZEITAUFWAND**

**KOSTEN**
€€€

**1** Die Wand mit Wandfarbe in Dunkelrosa streichen.

**2** Die Schablone mit Reißzwecken an die Wand pinnen. Jeweils mit kleinen Stücken Malerkrepp hervorstehende Schablonenstücke stabilisieren.

**3** Mit einem Schablonierpinsel Goldeffektlack aufnehmen und überschüssige Farbe auf einem Stück Pappe abstreichen. Ist zuviel Farbe auf dem Pinsel, könnte der Lack hinter die Schablone laufen.

**4** Die Schablone zum Stupfen mit einer Hand fest an die Wand drücken und mit der anderen den Pinsel führen. Wichtig bei dieser Technik: nur tupfen, nicht streichen! Unbedingt sauber arbeiten und darauf achten, dass keine Farbe hinter die Schablone läuft, weil das zu unschönen Flecken führt.

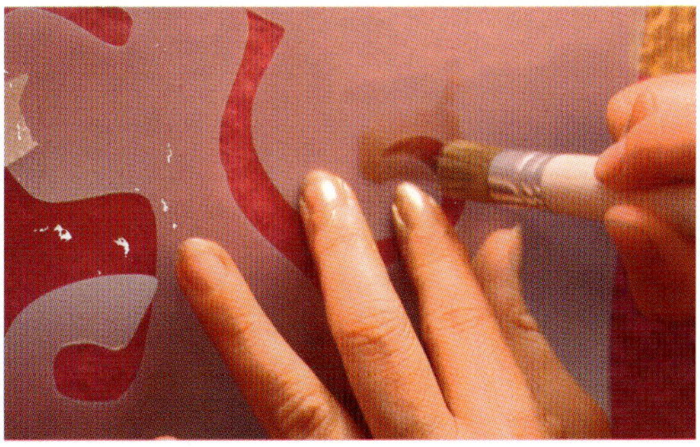

**5** Wenn alle Felder ausgefüllt sind, die Schablone vorsichtig von der Wand lösen und direkt daneben neu ansetzen. Dabei beachten, ob man einen Abstand zwischen den Motiven haben möchte oder nicht und ggf. die Schablone mit entsprechend weiterem Abstand ansetzen. Den Vorgang wiederholen, bis der Ornamentstreifen einmal um alle Wände herumläuft.

**PROFITIPP VON ELAINE & INES**

**SCHABLONIERPINSEL SELBST GEMACHT**

Einen Schablonierpinsel können Sie auch ganz schnell selbst herstellen: Einfach Malerkrepp fest um einen Rundpinsel wickeln, das stabilisiert die Borsten und sorgt dafür, dass sie beim Arbeiten nicht abknicken.

**TIPP**

Ein Kissen mit orientalischem Muster dient als perfekte Vorlage für die Wandschablone. Das Kissen einfach zu einem Schablonenhersteller geben, der erledigt dann die Arbeit. Die Adressen der Hersteller finden Sie über das Internet.
Wenn Sie Schablonen selbst herstellen möchten, benutzen Sie z. B. eine stabile Folie oder Moosgummi. Das Motiv können Sie mit einem Folienstift vorzeichnen und mit einem scharfen Cuttermesser ausschneiden.

**TIPP**

Wenn der Goldeffektlack getrocknet ist, können Sie kleine „Farbausreißer" mit einem feinen Pinsel und Wandfarbe korrigieren.

32

# Malen mit Schablonen

Mithilfe von Schablonen setzen Sie ruck, zuck Akzente und peppen jedes Zimmer auf. Greifen Sie auf eine Vielzahl von fertigen Schablonen zurück, die es im Baumarkt zu kaufen gibt, oder stellen Sie Ihre „Wunschschablone“ selbst her.

**MATERIAL**
- Latexfarbe in Weiß und Bordeauxtönen
- Malerkrepp
- Stück Pappe

**WERKZEUGE**
- fertige Schablone
- Schablonierpinsel

**TIPP**

Schablonen gibt es fix und fertig und in vielen Varianten im Baumarkt zu kaufen. Es sagt aber niemand, dass Sie die Motive immer nur einfarbig ausmalen müssen. Ganz im Gegenteil – besonders schöne Effekte erzielen Sie z. B., wenn Sie beim Schablonieren mit unterschiedlichen Farbtönen arbeiten, die auf den schon vorhandenen Untergrund abgestimmt sind.

**1** Die Schablone mit Malerkrepp an der rosafarbenen Wand fixieren. Zum Auftragen wie auf Seite 31 beschrieben einen Schablonierpinsel nehmen und die Schablone entsprechend versetzen. Den Pinsel nach der Farbaufnahme gründlich auf Pappe abtupfen, damit nicht zuviel Farbe in den Borsten hängen bleibt.

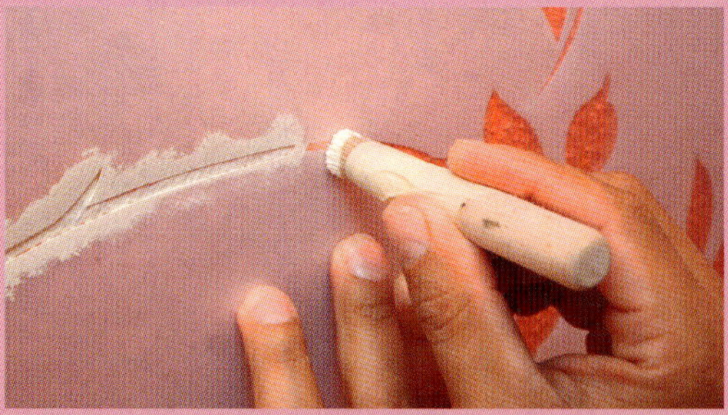

**2** Für die Stiele und Blätter weiße, für die Blüten helle und dunkle, bordeauxrote Latexfarbe verwenden.

**1** Die Motivfelder mit Malerkrepp gleichmäßig abteilen.

**2** Auf Pauspapier ein florales Blumenmuster abpausen, das in der richtigen Größe vorgezeichnet wurde. Mit einem Pausrädchen die Umrisse des Musters entlang fahren, damit kleine Löcher in das Pauspapier kommen.

**3** Für ein selbst gemachtes Kreidesäckchen Kreide in ein Leinentuch füllen und mit einem Bindfaden verschließen.

**4** Die Schablone an die abgeklebten Flächen an die Wand halten und mit einem Kreidesäckchen drüberstupfen. Auf der Wand bleiben kleine Kreidepünktchen zurück, die die Umrisse des Musters ergeben.

**5** Die Umrisse dann mit Voll- und Abtönfarbe in Orange und Grün ausmalen.

### MATERIAL

- Pauspapier
- Malerkrepp
- Voll- und Abtönfarbe in Grün und Orange

### WERKZEUGE

- Pausrädchen
- Leinentuch
- Kreide
- Bindfaden
- feine Pinsel
- Bleistift

### TIPP

Mit Schablonen kann man nicht nur Bordüren auf die Wände malen, sondern z. B. auch einzelne Möbelstücke wirkungsvoll in Szene setzen. In diesem Fall haben wir die Schablone dafür selbst angefertigt.

# Blumige Wandgestaltung

Lassen Sie den Frühling bei sich einziehen! Blumen verleihen jedem Raum eine lebendige und freundliche Atmosphäre. Warum also nicht bei der Umgestaltung auf florale Motive zurückgreifen? Als Vorlage für ein Wandbild dient hier ein Teppich mit Blumenmotiven. Die Blumen sind so einfach, dass Sie noch nicht mal eine Schablone brauchen, Sie können sie frei Hand auf die Wand übertragen. Das geht ganz einfach, macht aber richtig was her!

In einem so gestalteten Gästezimmer fühlt sich jeder gleich willkommen.

**1** Zwei gegenüberliegende Wände erhalten Farbflächen mit Wandfarbe in Lavendel. Um die Farbflächen zu betonen, an den Seiten und zur Decke hin ca. 8 cm breite Streifen stehen lassen, das nennt man einen „Farbspiegel". Die Streifen sowie die übrigen beiden Wände erhalten einen Anstrich in Eierschalen-Weiß.

**TIPP**
Bei kleineren Räumen sollte der Lavendelton nicht zu dunkel sein, damit er das Zimmer nicht noch enger erscheinen lässt.

**2** Aus Voll- und Abtönfarben in Schwarz, Weiß, Gelb, Orange, Rot, Blau und Grün die Töne anmischen, die auch im floralen Muster des Teppichs vorkommen.

**MATERIAL**
- Wandfarbe in Eierschalen-Weiß und Lavendel
- Voll- und Abtönfarbe in Schwarz, Weiß, Gelb, Orange, Rot, Blau und Grün

**WERKZEUGE**
- Standardsatz an Pinsel und Rollen
- feiner Pinsel

**3** Die Blumen vom Teppich frei Hand mit einem feinen Pinsel auf die Wand übertragen. So wirkt das Wandbild lockerer und passt zu den blumigen Motiven.

**SCHWIERIGKEITSGRAD**
ʘʘ

**ZEITAUFWAND**
⏰⏰

**KOSTEN**
€€€

**TIPP**
Diese Gestaltungsidee funktioniert natürlich auch mit anderen Motiven oder Mustern, es müssen nicht zwangsläufig Blumen sein. Welche Wand verziert wird, hängt davon ab, welche Fläche nach der Renovierung und Möblierung frei bleibt. Schließlich soll das Bild richtig gut zur Geltung kommen.

36

# Ein Regenbogen fürs Kinderzimmer

Kinder lieben es bunt. Und weil sich die Hausaufgaben in fröhlicher Atmosphäre wie von selbst erledigen, werden nicht nur die Kleinen von diesem Tipp begeistert sein. Mit ein paar schnellen Tricks können Sie spielerisch einen leuchtenden Regenbogen ins Zimmer zaubern. Das Beste: Diese Wandgestaltung geht so einfach, dass der Nachwuchs selbst mit Hand anlegen kann.

Besonders Mädchen werden sich in diesem Zimmer wohlfühlen.

**SCHWIERIGKEITSGRAD** ✪✪✪✪

**ZEITAUFWAND** ⏰⏰⏰

**KOSTEN** €€€

**MATERIAL**
- Wandfarbe in Gelb und Grün
- Universal-Buntlack in Rot, Orange, Grün, Blau und Lila
- Malerkrepp
- Malerkrepp für Rundungen (Kreativkrepp)
- Acryl

**WERKZEUGE**
- Standardsatz Pinsel und Rollen
- Hammer
- Nagel
- Paketschnur
- Bleistift

**1** Zuerst zur Decke hin einen 10 cm breiten Streifen mit Malerkrepp abkleben. Dort bleibt die Wand weiß, damit der Raum höher und luftiger wirkt. Den Malerkrepp mit Acryl abdichten.

**2** Unter dem weißen Streifen die oberen zwei Drittel der Wand bis auf den Sockel in einem sonnigen Gelb streichen. Der gelbe Anstrich kann problemlos in das untere Drittel hinein überlappen, da der Sockel später in einer anderen, gut deckenden Farbe gestrichen wird.

**TIPP**
Wenn gelbe Farbe besonders schön und intensiv strahlen soll, muss der Untergrund weiß sein. Gerade im Kinderzimmer sollten Sie darauf achten, lösemittel- und weichmacherfreie Farben zu verwenden. Dies ist natürlich auch generell immer zu empfehlen.

**3** Nach dem Trocknen den Sockel abkleben und in einem frischen Grün streichen. Hier machen Kinder gerne mit!

**TIPP**
Nagellöcher in der Wand müssen in der Regel nicht verspachtelt werden, weil sie kleiner als Bohrlöcher sind. Meistens reicht es schon aus, mit dem Pinsel einen Tupfer der Wandfarbe auf das Loch zu geben.

**4** Den Regenbogen mit einem selbst gemachten Zirkel vorzeichnen. Dafür einen Nagel in Höhe des Farbsockels in die Wand schlagen. Am Nagel Paketschnur befestigen und an das freie Ende der Schnur einen Bleistift binden.

**5** Mit gespannter Schnur lassen sich dann die Rundungen des Regenbogens ganz leicht anzeichnen. Je kleiner die Bögen werden sollen, desto kürzer ist die Schnur.

**6** Die Bögen nach dem Abzirkeln mit leuchtendem Universal-Buntlack ausmalen. Die äußere und innere Linie vorher mit speziellem Malerkrepp für runde Formen abkleben. Dieser ist besonders stark gekreppt und lässt sich dadurch extrem dehnen, ohne zu reißen. Die Bögen dann frei Hand ausmalen. So erhält der Regenbogen den Charme eines Kinderbildes, wirkt lockerer und kindlicher.

**WISSENSWERT**
Besonders verträgliche und kindertaugliche Lacke zeichnen sich durch die DIN EN 71 aus, d. h., sie sind speichel- und schweißecht.

# Eine Wand zum Spielen

Waren Sie immer schon auf der Suche nach einer einzigartigen Wandgestaltung? Dann sollten Sie unbedingt einmal diese Variante ausprobieren: Mit Magnetfarbe und -folie lassen sich Ihre Wände sogar in Spielflächen verwandeln – fürs Kinderzimmer oder für Junggebliebene! Und wenn Sie kein Fan von Schach oder Dame sein sollten, dann können Sie in der gleichen Technik auch außergewöhnliche Memoboards kreieren. Es ergeben sich für jeden Geschmack vielfältige Gestaltungsmöglichkeiten.

So ein „Spielbrett" passt prima in jedes Kinderzimmer.

SCHWIERIGKEITSGRAD ○○○○○

ZEITAUFWAND ⏰⏰⏰⏰

KOSTEN €€€€€

**MATERIAL**
- Wandfarbe in Vanille und Blau
- Magnetfarbe
- Universal-Buntlack in Vanille und Beige
- Magnetfolie mit aufgedruckten Spielfiguren
- Malerkrepp
- Acryl

**WERKZEUGE**
- Standardsatz Pinsel und Rollen
- kleine Rolle und feiner Pinsel
- Wasserwaage
- Schere
- Rührstab
- Bleistift

**1** Zuerst bekommen die Wände einen zweifarbigen Anstrich. Dafür die Wand in einer Höhe von 1,50 m mit Malerkrepp für einen Farbsockel abkleben und den oberen Teil mit Wandfarbe in einem warmen Vanilleton streichen.

**2** Wenn der obere Anstrich getrocknet ist, den Malerkrepp so innerhalb der vanillefarbenen Fläche anbringen, dass der Sockel direkt darunter anschließt. Den Malerkrepp mit Acryl abdichten (siehe Seite 16).

**3** Jetzt den Sockel in kräftigem Blau streichen. Nach Abziehen des Krepps sind die Kanten ganz sauber.

**4** Für das magnetische Spielfeld ein 70 cm x 70 cm großes Quadrat auf der trockenen blauen Fläche abkleben. Die Höhe ist so gewählt, dass das Spielfeld bequem vom Bett aus und im Sitzen bedient werden kann.

**TIPP**
Sie können das Feld je nach Funktion auch in einer anderen Höhe anbringen. Dann sollten Sie allerdings gegebenenfalls auch die Höhe des Farbsockels angleichen.

**5** Das Feld mit Magnetfarbe ausfüllen. Sie muss vor der Verarbeitung noch gründlicher mit einem Rührstab durchgerührt werden als herkömmliche Farbe, weil sich ihre schweren Metallpartikel schnell auf dem Dosenboden absetzen. Die Farbe zunächst mit dem Pinsel auftragen und dann mit der kleinen Rolle gleichmäßig verteilen. Den Anstrich dreimal wiederholen, um eine optimale magnetische Wirkung zu erzielen.

**6** Nach der Magnetfarbe bekommt das Feld einen Anstrich mit Universal-Buntlack im gleichen Vanilleton wie die Wand.

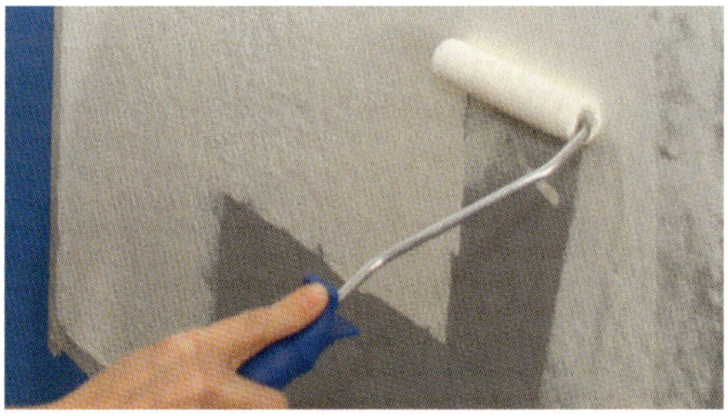

**7** Wenn die Farbe getrocknet ist, die einzelnen Schachfelder abkleben. Jedes Kästchen misst 8 cm x 8 cm. Außen bleibt ein 3 cm breiter Rahmen stehen. Beim Ausmessen helfen Wasserwaage und Bleistift. Beim ersten Mal kleben Sie die Ränder der ungeraden Kästchen der Reihen 2, 4, 6 und 8 ab und malen sie aus. Den Malerkrepp müssen Sie besonders vorsichtig ablösen. Nach dem Trocknen dann die Ränder der geraden Felder der Reihen 1, 3, 5 und 7 abkleben und ausmalen. Zum Ausmalen der Kästchen beigefarbenen Universal-Buntlack verwenden.

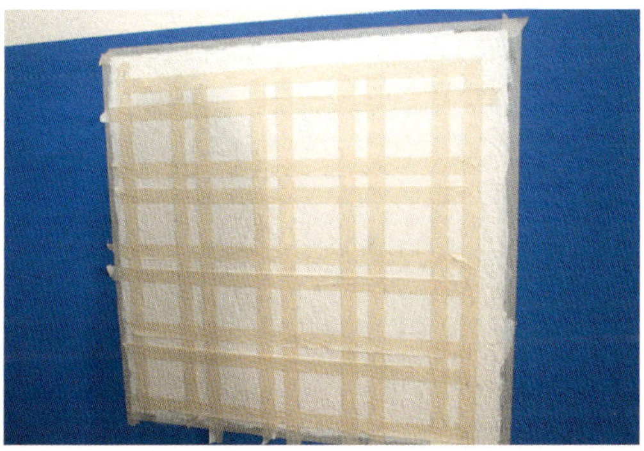

### TIPP

Vor dem Arbeiten an der Wand lohnt sich das Anfertigen eines kleinen Musters aus Pappe, dünnem Klebeband und Bleistift. So gehen Sie auf Nummer sicher und beim eigentlichen Anstrich kann nichts mehr schief gehen!

**8** Kleine Fehler oder Stellen, an denen etwas Farbe abgeplatzt ist, mit dem Pinsel ausbessern.

**9** Jetzt noch die Figuren ausschneiden und dem Spieltrieb steht nichts mehr im Wege.

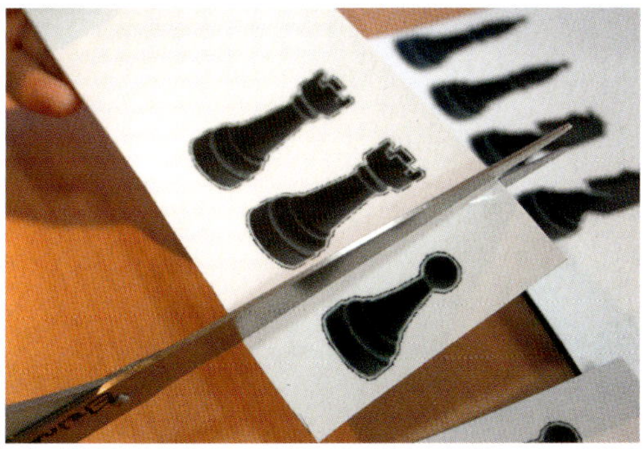

### MAGNETISCHE SPIELFIGUREN

Die magnetischen Schachfiguren lassen Sie am besten anfertigen. Unter dem Suchbegriff „Magnetfolie“ finden Sie im Internet eine Vielzahl unterschiedlicher Anbieter. Die Motive für den Druck finden Sie ebenfalls im Internet. Wer es individueller möchte, malt sich einfach seine eigenen Figuren und lässt sich diese auf die Magnetfolie drucken.

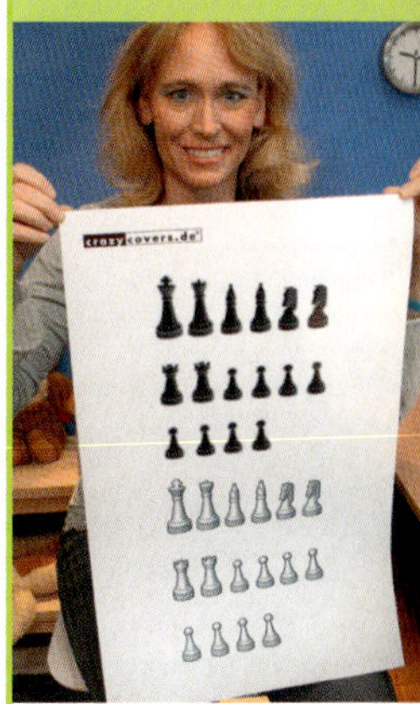

# Asia-Schlafzimmer

Möchten Sie ein wenig Exotik in Ihr Zuhause bringen? Dann versuchen Sie es doch einmal mit einem Schlafzimmer im fernöstlichen Stil. Chinarot gibt hier den Ton an. Klare Linien und Symmetrien sorgen für Ruhe und Entspannung und selbstgemachte Dekoelemente komplettieren das Bild. Mit diesen ausgefallenen Ideen können Sie sich mit wenig Geld Ihren asiatischen Traum verwirklichen.

Etwas aufwändiger, aber ein Hingucker – das Asia-Schlafzimmer.

**1** Zwei der Schlafzimmerwände mit chinaroter Wandfarbe anstreichen. Decke, Fensterseite und die Wand mit dem Schrank weiß lassen. Das ist wichtig, damit das kräftige Rot nicht überhand nimmt.

**2** Die Wand am Kopfende erhält durch unpigmentiertes Malervlies eine luftige Pergamentoptik. Dafür aus dem Malervlies 50 cm x 50 cm große Quadrate herausschneiden.

**TIPP**

Um die Vliesstücke in gleichen Abständen an die Wand zu bringen, zunächst Maß nehmen: Pro Querreihe fünf Vliesquadrate à 50 cm nehmen. Der Abstand zwischen den Quadraten beträgt jeweils 8 cm. So ergibt sich für das gesamte Vliesfeld eine Länge von 250 cm (Malervlies) + 32 cm (Zwischenräume) = 282 cm. Dieses Maß von der gesamten Wandbreite abziehen, so bleibt ein Restmaß übrig. Dieses durch zwei teilen, weil ja das Vliesfeld rechts und links den gleichen Abstand zur angrenzenden Wand haben soll. An diesem Abstandsmaß beim Anbringen der Quadrate orientieren und von der einen zur anderen Seite hin vorarbeiten. Je nach Breite der Wand die Anzahl der Vliesquadrate entsprechend anpassen.

**MATERIAL**

- Wandfarbe in Chinarot
- Malervlies, unpigmentiert
- Dispersionskleber für Glasfasergewebe
- Malerkrepp

**WERKZEUGE**

- Standardsatz Pinsel und Rollen
- Laserliniengerät
- Wasserwaage
- Moosgummirolle

**3** Das Malervlies mit speziellem Dispersionskleber für Glasfasergewebe einkleistern.

**4** Die Vliesstücke mit etwas Abstand zur Decke sowie gleichem Abstand zueinander an die Wand bringen. Beim Ausmessen und Ausrichten helfen Wasserwaage und Laserliniengerät (dieses macht entweder eine horizontale oder eine vertikale Linie), beim Andrücken eine Moosgummirolle.

**SCHWIERIGKEITSGRAD**

**ZEITAUFWAND**

**KOSTEN**

€€

**WISSENSWERT**

Rote Farben wirken nach nur einem Anstrich oft wolkig, weil der Untergrund durchschimmert. Deshalb planen Sie bei Rot immer zwei Anstriche ein. Ist der Farbton besonders intensiv, sollten es sogar drei Anstriche sein.

# Asia-Deko

Richtig stimmungsvoll wird das Schlafzimmer, wenn Sie es mit Bambus und einem Yin-Yang-Zeichen ausdekorieren. Diese lassen sich zum Glück ganz einfach selbst machen.

**MATERIAL**
- Bambusstäbe
- Universal-Buntlack in Grün
- Geschenkband aus Jute in Grün
- Klebeband

**WERKZEUGE**
- Stichsäge
- Akkutacker

**WISSENSWERT**
Bambus gehört zur Familie der Süßgräser. In China gilt Bambus als Symbol für ein langes Leben.

**PROFI-TIPP VON ELAINE & INES**

**SO FRANST NICHTS AUS**
Bambusstäbe neigen dazu, beim Sägen auszufransen. Um dies zu verhindern, wickeln Sie vorher Klebeband um die Sägestelle.

## Bambus-Wanddeko

1 Die Bambusstäbe mit der Stichsäge auf eine Länge von 40 cm bringen und mit Universal-Buntlack grün lackieren.

2 Dann jeweils drei Stäbe mit dem Akkutacker an 50 cm Juteband befestigen.

3 Die fertigen Wandobjekte in die Vliesquadrate über dem Bett tackern.

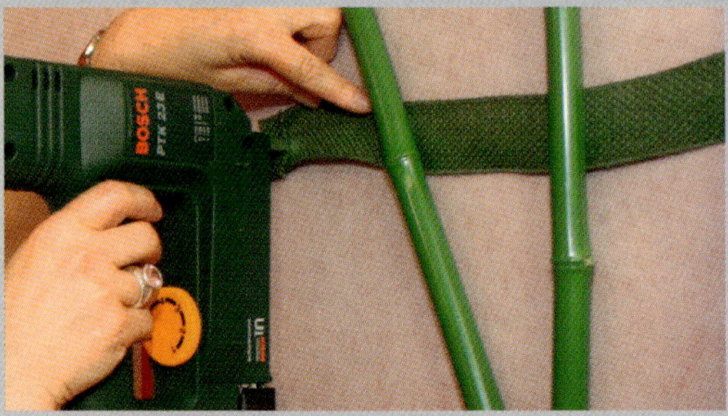


**TIPP**
Alternativ können Sie die Deko auch mit Heißkleber an der Wand befestigen.

## Yin-Yang-Bild

**MATERIAL**
- Tischlerplatte
- Keilwinkel
- Malervlies
- Tapetenkleister
- Vorstreichfarbe
- Metallicfarbe in Anthrazit und Perlmutt
- Papier für die Yin-Yang-Schablone
- Schrauben

**WERKZEUGE**
- Stichsäge
- Akkuschrauber
- Pinsel
- Schwammbrett
- Bleistift
- Schere

**1** Auf stabilem Papier frei Hand einen Yin-Yang-Flügel vorzeichnen und mit der Schere ausschneiden. Die so entstandene Schablone auf die Tischlerplatte legen und die Umrisse abzeichnen.

**2** Die Form entlang der Umrisse mit der Stichsäge aussägen. Schablone spiegelverkehrt auflegen und das gleiche wiederholen.

**3** Die beiden Hälften mit Tapetenkleister bestreichen und mit zugeschnittenem Malervlies bekleben.

**4** Nach dem Trocknen mit Vorstreichfarbe grundieren. Mit einem Schwammbrett in kreisenden Bewegungen auf eine Hälfte Metallicfarbe in Anthrazit, auf die andere Hälfte Metallicfarbe in Perlmutt auftragen. Das Schwammbrett verhindert Schlieren in der Farboberfläche. Vorgang je nach Deckkraft der Farbe wiederholen.

**5** Aus dem Malervlies zwei gleichgroße Kreise schneiden und jeweils mit einer der beiden Farben bemalen. Nach dem Trocknen je einen Kreis auf den Yin-Yang-Flügel in der konträren Farbe kleben.

**6** Zum Aufhängen zwei Keilwinkel in der gewünschten Höhe an die Wand schrauben. Jeweils ein entgegengesetztes Keilstück auf die Flügel montieren und einhängen.

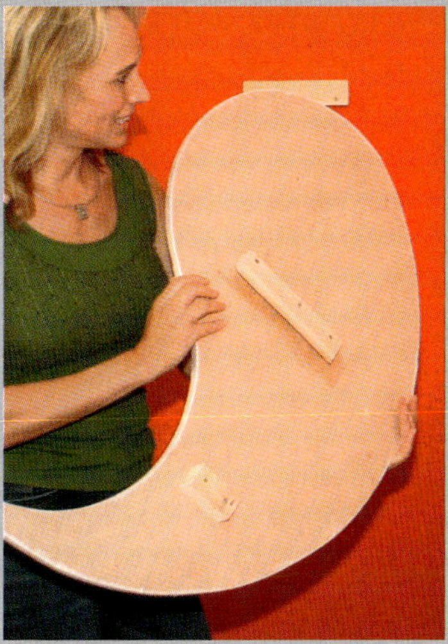

**WISSENSWERT**
Yin und Yang ist ein Zeichen aus der chinesischen Symbolik, dessen dunkle Seite für die weibliche Kraft und dessen helle Seite für den männlichen Geist steht.

# Panoramawand

Wenn Sie sich für Kunst und Fotografie interessieren, dann holen Sie sie doch einfach zu sich nach Hause! Aus eigens für diesen Zweck angelegten Bilddatenbanken können Sie aus einer Vielzahl passende Motive für sich auswählen. Diese werden dann auf Fotopapier gedruckt, und zwar bis zu einer Breite von 1,11 m und einer Länge von 12 m. Innerhalb dieser Maße können Sie die Größe Ihrer Bilder selbst bestimmen. Wie wäre es zum Beispiel mit Bäumen? Diese werden hier auf drei Platten aufgezogen und hinterleuchtet. Besonders eindrucksvoll kommen sie vor einer roten Wand zur Geltung. Genießen Sie das außergewöhnliche Panorama!

Mit der Panoramawand werden Fotos und Gemälde wirkungsvoll in Szene gesetzt.

**1** Zunächst die Wand mit leuchtend roter Wandfarbe streichen.

**2** Jede beschichtete Hartfaserplatte erhält auf der Rückseite ein offenes Rechteck aus vier Kanthölzern. Dafür zunächst die Rückseite mit Zollstock und Bleistift vermessen und die Kanthölzer anlegen.

**3** Als nächsten Schritt die Kanthölzer mit Heißkleber auf der Platte fixieren.

**4** Dann durch die Kanthölzer jeweils zwei Löcher vorbohren.

**5** Auf der Vorderseite der Platte in die acht Löcher mit einem Senkbohreraufsatz Vertiefungen bohren. In diese Vertiefungen können die Schraubenköpfe später versenkt werden.

**SCHWIERIGKEITSGRAD**

**ZEITAUFWAND**

**KOSTEN**

**TIPP**
Lassen Sie sich die Hartfaserplatten und die Kanthölzer von einem Schreiner in der richtigen Größe zuschneiden. So ersparen Sie sich das Sägen und das Bild passt später perfekt auf die Platte.

**MATERIAL**

Wandfarbe in frischem Rot

3 beschichtete Hartfaserplatten, 5 mm stark, 1 m x 1 m

12 Kanthölzer, 45 cm lang

12 Leuchtstoffröhren mit Verbindungskabeln, 40 cm lang

3 Fotodrucke, 1 m x 1 m

Sprühkleber

Polyesterspachtelmasse

Schrauben

Nägel

**WERKZEUGE**

- Akkubohrer mit Senkbohrer- und 3 mm-Aufsatz
- Akkuschrauber
- Akkuschleifer mit 180er-Schleifpapier
- Elektrotacker
- Klebepistole
- Standardsatz Pinsel und Rollen
- Hammer
- Malerspachtel
- Fugengummi
- weiches Tuch
- Tuch
- feiner Pinsel
- Langhaarpinsel
- Zollstock
- Bleistift

**6** Die Bohrlöcher mit einem feinen Pinsel reinigen und dann durch die Vorderseite der Platte die Kanthölzer festschrauben.

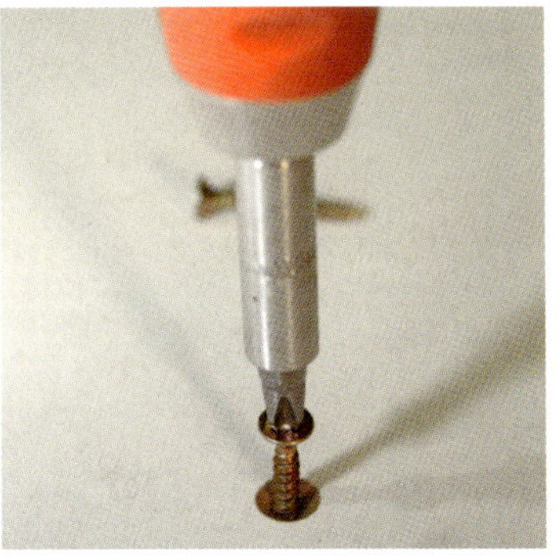

**7** Für eine ebenmäßige Oberfläche die Löcher mit Polyesterspachtelmasse verspachteln.

**8** Nach der Trocknungszeit die überschüssige Spachtelmasse mit einem Akkuschleifer mit 180er-Schleifpapier abschleifen.

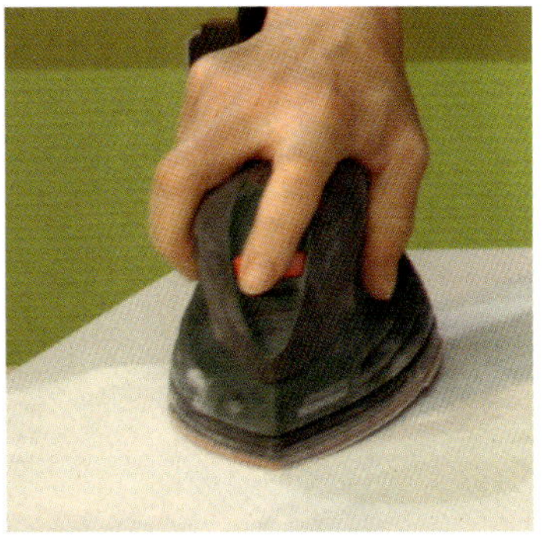

**9** Nach dem Schleifen die Platte mit einem Tuch reinigen.

**10** Auf jedem Kantholz eine Leuchtstoffröhre anschrauben, und zwar nach außen gerichtet.

**11** Die Röhren durch Verbindungskabel miteinander koppeln, so gibt es später keinen Kabelsalat und es bleibt ein Stecker pro Bild übrig,

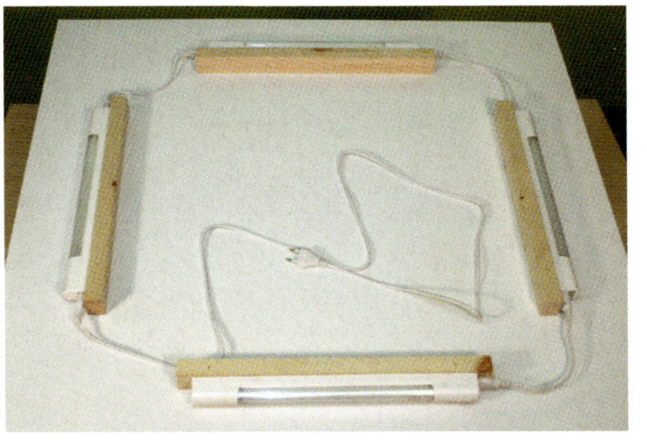

**12** Nach der Montage die Vorderseite der Platte gleichmäßig mit Sprühkleber einsprühen. Beim Arbeiten mit Sprühkleber immer gut lüften.

**TIPP**

Wem es unangenehm ist, mit Sprühkleber in Kontakt zu kommen, der kann dabei auch Schutzhandschuhe tragen.

**13** Den Fotodruck Stück für Stück befestigen. Mit einem Fugengummi, das mit einem weichen Tuch umwickelt ist, das Bild auf der Platte fest- und Luftblasen herausstreichen. Dabei immer von der Mitte nach außen arbeiten, bis das gesamte Bild auf der Platte klebt.

**14** Pro Bild zwei Nägel im Abstand von 40 cm in die Wand schlagen. Der Abstand ist so gewählt, dass die Bilder an den Kanthölzern aufgehängt werden können. Dann die Bilder am oberen Kantholz auf die Nägel hängen.

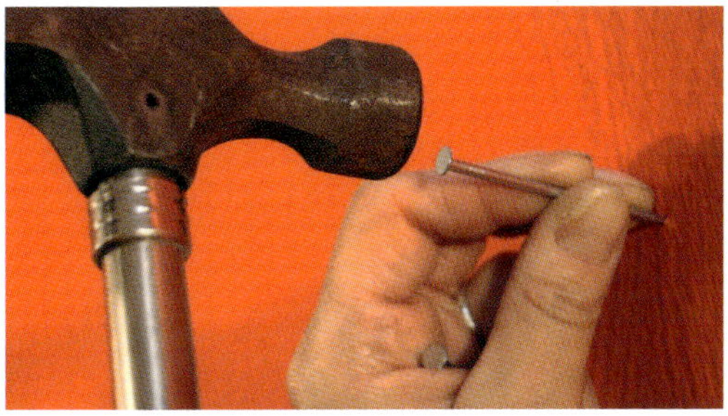

**15** Die Kabel von den Leuchtstoffröhren mit dem Elektrotacker an der Wand befestigen. Vorsicht: Beim Antackern dürfen die Leuchtstoffröhren auf keinen Fall am Strom angeschlossen sein! Den Tacker beim Befestigen auf Stufe 2 stellen, damit die Tackernadeln nicht die Kabel eindrücken. Außerdem darauf achten, dass die Nadeln nicht das Kabel treffen.

**16** Zum Schluss erhalten die Kabel mit einem Langhaarpinsel einen Anstrich mit der Wandfarbe. So werden sie elegant kaschiert und zerstören nicht das Gesamtbild der Panoramawand.

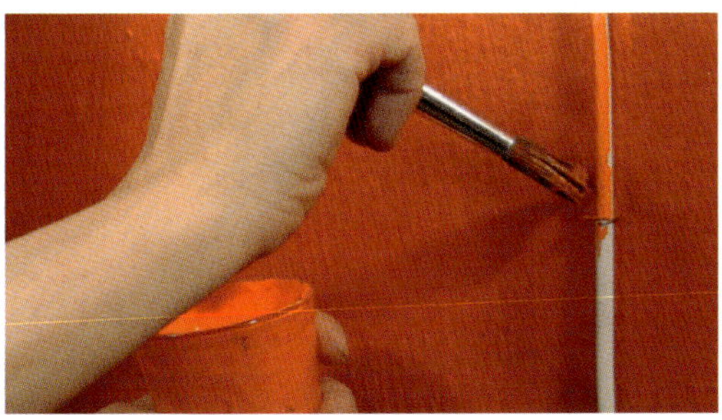

**PROFI-TIPP VON ELAINE & INES**

**ZU ZWEIT GEHT'S BESSER**

Zu zweit geht das Kleben ganz einfach: Einer hält das Bild an zwei Ecken nach oben, der andere drückt die gegenüberliegende Seite des Fotodrucks an der Platte fest. Dabei müssen die Kanten von Platte und Foto genau aufeinander liegen. Bitte gehen Sie beim Arbeiten sehr vorsichtig vor, das Bild bekommt schnell Knicke.

**FOTODRUCKE**

Immer mehr Möbel- und Kaufhäuser haben mittlerweile einen Großformatdrucker. An einem Terminal können Sie aus einer umfangreichen Datenbank Ihr Wunschmotiv auswählen. Natürlich können Sie auch eigene Bilder ausdrucken lassen.
Als Bildträger können Sie sich zwischen hochwertigem Fotopapier und Leinwand entscheiden.

# Stoff für die Wand

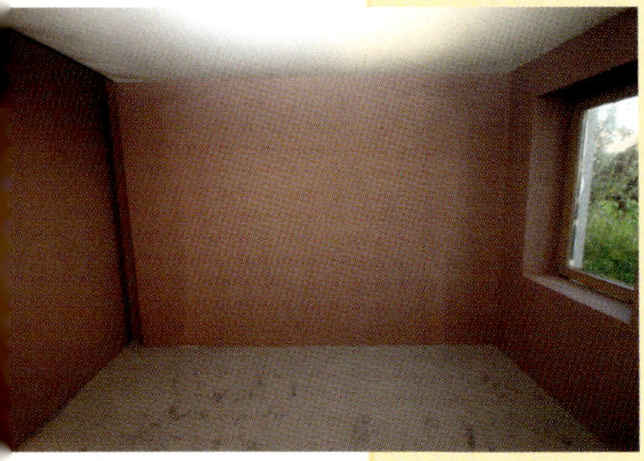

Kahle Wände sind selten schön anzusehen. Für eine Umgestaltung brauchen Sie aber nicht zwingend Farbe und Pinsel. Probieren Sie es doch einmal mit Stoff! Hier kann alles an Stoffresten zum Einsatz kommen, was Sie noch zu Hause finden: alte Vorhänge, Organza, Bänder, selbst Bastmatten oder Duschvorhänge eignen sich.
Und wenn Ihnen doch noch ein paar Stoffbahnen fehlen sollten, dann schauen Sie sich bei den Restposten im Textilhandel um. Hier gibt es immer viele günstige Angebote. Preiswerter und einfacher kann man sein Zuhause kaum verschönern.

Stoff statt Tapete lautet hier die Devise.

**1** Zuerst die Wand ausmessen, damit die Stoffbahnen auf die richtige Länge gebracht werden können. Alte Nägel aus der Wand entfernen.

**2** Auf einem Tisch ein Maßband mit Klebeband fixieren, den Stoff daran anlegen und in der Länge der Wand mit ein bisschen Zugabe ausmessen.

**3** Den Stoff an der gewünschten Stelle mit einer Stoffschere einschneiden und die beiden Enden auseinander reißen. Das geht nicht nur schneller als das Zuschneiden mit einer Stoffschere, sondern garantiert auch gerade Linien.

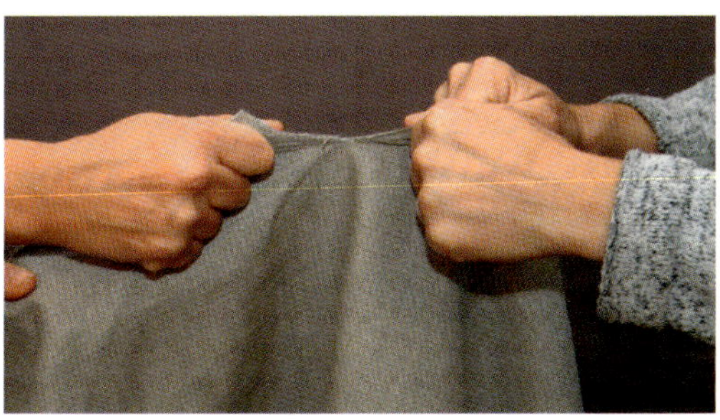

**4** Die Stoffbahnen glatt bügeln. Dann gerade an die Wand halten und von oben nach unten antackern. Ausgefranste Ränder vor dem Befestigen einschlagen.

### TIPP

Den Akkutacker können Sie in verschiedenen Stufen einstellen. Um die richtige Stärke für den jeweiligen Stoff herauszufinden, lohnt es sich, ein Stück Stoff an einem Holzstück probezutackern. Für diesen Wandgestaltungstipp müssen Sie den Tacker so einstellen, dass noch etwas Luft zwischen Nadel und Stoff ist. Ist der Tacker zu stark eingestellt, könnte der Stoff beschädigt werden und falsch getackerte Nadeln lassen sich nur noch schwer heraushebeln! Probieren Sie aber zuerst aus, ob sich Ihre Wand auch tackern lässt. Wenn nicht, dann greifen Sie auf große, mit Stoff verkleidete Bilder (siehe nächste Seite) zurück.

### MATERIAL

- Stoffreste oder preiswerte Stoffe als Restposten
- Dekobänder
- Klebeband

### WERKZEUGE

- Akkutacker
- Stoffschere
- Bügeleisen
- Maßband

**SCHWIERIGKEITSGRAD**

**ZEITAUFWAND**

**KOSTEN**

€

**5** Mustermix liegt voll im Trend. Bei der Reihenfolge der verschiedenen Stoffe aber darauf achten, dass das Gesamtbild stimmig bleibt und die Farben und Muster zueinander passen. Die Übergänge der Stoffbahnen mit Dekobändern kaschieren.

**6** Wer keine Fußleiste hat oder benutzen will, kann für einen ordentlichen Abschluss auch Borten über den Boden an der Wand entlang führen und festtackern. Das Band kaschiert die abgeschnittenen Enden der Stoffbahnen.

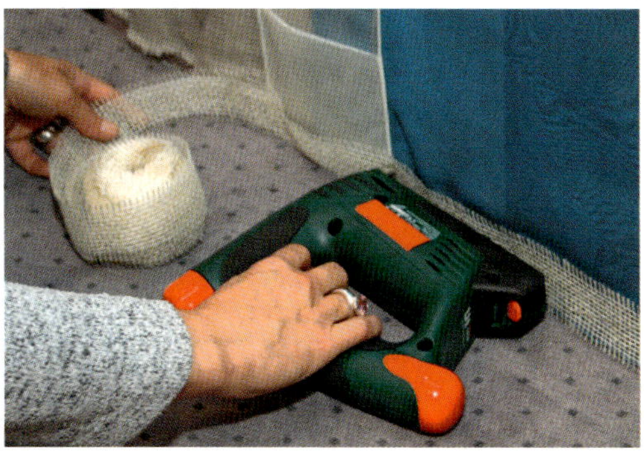

**VARIIEREN SIE MIT ORGANZA**

Luftiger Organza bildet einen schönen Kontrast zu schweren Stoffen wie Leinen. Der Farbton des transparenten Stoffes lässt sich außerdem ganz einfach durch Falten variieren: Eine Lage Organza gibt einen hellen Ton, viele Lagen einen dunklen.

# Stoff-bilder

Wenn Sie nicht gleich die ganze Wand machen wollen, können Sie sich zunächst an Bildern versuchen. Diese setzen bunte Akzente und verschönern (fast) jede Wand.

**1** Als Träger dient ein alter Regalboden, ein Brett o. Ä. Farblich passende Stoffstreifen im gleichen Stil wie bei der Wand übereinander legen und auf der Rückseite der Platte festtackern.

**2** Mit Dekobändern lassen sich weitere Akzente setzen.

**MATERIAL**

- Regalboden, Brett o. Ä.
- Stoffstreifen
- Dekobänder
- Dekomaterialien
- Aufhängungen
- Schrauben

**WERKZEUGE**

- Akkutacker
- Heißklebepistole
- Bohrschrauber

**3** Zum Verzieren verschiedene Dekomaterialien wie Glitzersteine oder Blütenblätter mit Heißkleber aufkleben.

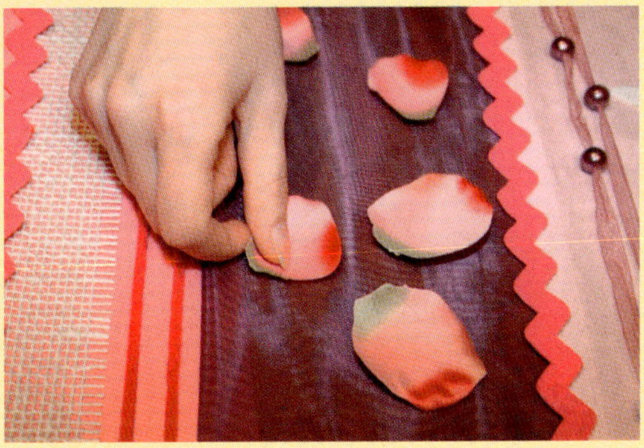

**4** Zum Befestigen auf die Rückseite des Bildes kleine Aufhängungen mit dem Bohrschrauber festschrauben.

# Wanddeko to go

Wenn Sie Ihre Wände nicht dauerhaft verändern möchten, weil möglicherweise ein Umzug geplant ist oder Sie in einem Mietshaus wohnen, dann ist die „Wanddeko to go" genau das Richtige für Sie! Das Besondere: Diese Wanddeko besteht aus Bildern, die jederzeit wieder ab- oder umgehängt werden können. Die Bilder werden aus sieben einfachen MDF-Platten gefertigt, die mit verschiedenen Farben und Techniken angestrichen werden. Das Farbkonzept kann an ein bestimmtes Möbelstück angepasst werden. Hier stand eine dunkelbraune Couch Pate.

Praktisch – diese Wanddeko kann problemlos mit umziehen.

**1** Die MDF-Platten im Baumarkt auf die passende Größe zuschneiden lassen, hier 60 cm x 1 m.

**2** Vor der Bearbeitung die Rückseiten der Platten mit einem nassen Schwamm anfeuchten, damit sich das Holz später nicht wölbt.

**3** Für die Stupftechnik zwei Platten zweimal mit silbernem Dekorlack streichen. Dabei langsam vorgehen und keinen Druck ausüben. Mit einem angefeuchtetem Naturschwamm dunkelbraune Voll- und Abtönfarbe aufnehmen. Das Braun ist hier passend zur Ledercouch gewählt. Vor dem Auftragen überschüssige Farbe auf einem Stück Pappe abtupfen. Dann die Farbe auf den silbernen Untergrund stupfen.

**TIPP**
Achten Sie beim Tupfen darauf, immer wieder die Schwammrichtung zu ändern, damit das Muster schön unregelmäßig wird. Wenn es zwei unterschiedliche Bilder werden sollen, verstärken Sie einfach bei einem Bild die Tupfdichte.

**4** Für den Effektanstrich zwei Platten mit weißer Akzentgrundierung vorbehandeln, damit die Saugfähigkeit der Platten verringert wird. In die farblose Basis mit Akzentelementen Farbtonkonzentrat in Terrakotta füllen und gut durchmischen. Die Mischung mit einem Flächenstreicher kreuz und quer auftragen. Der Farbauftrag sollte dünn sein, also nicht zuviel Farbe nehmen! Zur Verfeinerung des Effekts die noch feuchte Farbe mit einer Bürste verteilen. Das Auftragen und Verteilen geht am besten zu zweit.

**SCHWIERIGKEITSGRAD**
◎◎

**ZEITAUFWAND**
⏰⏰⏰

**KOSTEN**
€€€

**WISSENSWERT**
Die Akzentelemente in der Effektfarbe sind Wasser abweisend und lösen sich beim Streichen nicht auf. Dadurch entstehen spritzige Farbeffekte, die der Oberfläche Tiefe und Struktur verleihen.

**MATERIAL**

- 7 MDF-Platten, 1 cm stark, 60 cm x 1 m
- Dekorlack in Silber (für die Stupftechnik)
- Voll- und Abtönfarbe in Dunkelbraun (für die Stupftechnik und den Strukturanstrich)
- Akzentgrundierung (für den Effekt- und Strukturanstrich)
- Effektfarbsystem (bestehend aus farbloser Basis mit Akzentelementen und Abtönkonzentrat in Terrakotta)
- Putzgrund (für die Spachtelputztechnik)
- Spachtelputz (für die Spachtelputztechnik)
- Wandlasur in Terrakotta (für die Spachtelputztechnik)
- Strukturwandfarbe in Gelb (für den Strukturanstrich)
- Stück Pappe
- Malerkrepprollen

**WERKZEUGE**

- Standardsatz Pinsel und Rollen
- Farbwanne
- Glättekelle aus Edelstahl
- Bürste
- Flächenstreicher
- Schwamm
- Naturschwamm

**WISSENSWERT**
„MDF-Platte" steht für „mitteldichte Faserplatte". Bei der Herstellung wird Holz zerfasert, geleimt und zu Platten gepresst.

**5** Bei der Spachtelputztechnik eine Platte zunächst mit Putzgrund vorbehandeln. Den Spachtelputz mit einer Glättekelle aus Edelstahl auftragen und mit der Kelle Strukturen einbringen. Nach dem Trocknen mit einem Flächenstreicher Lasur in Terrakotta auftragen und kreuz und quer verwischen. Dadurch erhält die verputzte Platte einen mediterranen Look.

**TIPP**
Der Putzgrund sorgt hier dafür, dass der Putz besser haftet.

**PROFI-TIPP VON ELAINE & INES**

**BEUGEN SIE VERLETZUNGEN VOR**
Um Verletzungen an den ausgehärteten Kanten des Putzes vorzubeugen, rollen Sie mit einer Schaumstoffrolle sachte über den noch feuchten Putz.

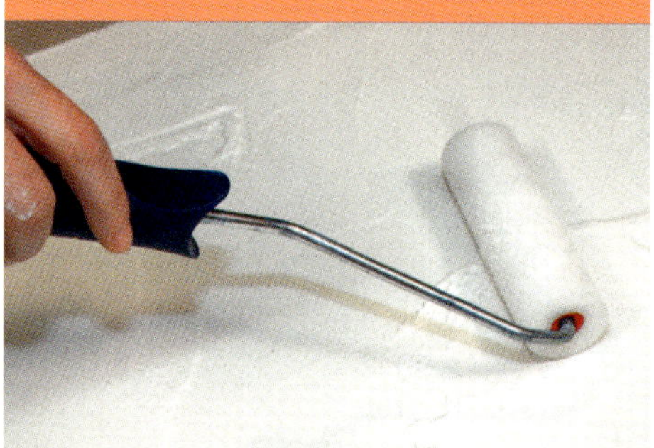

**6** Für den Strukturanstrich die nächsten beiden Platten ebenfalls mit Akzentgrundierung vorbehandeln. Nach dem Trocknen gelbe Strukturwandfarbe mit der Rolle auftragen. Um den Struktureffekt zu verstärken, mit einem groben Pinsel Linien durch die noch feuchte Farbe ziehen. Abschließend mit dunkelbrauner Voll- und Abtönfarbe Kreise auf die trockene Strukturfarbe malen. Auch hier wird wieder die Farbe der Ledercouch aufgegriffen.

**PROBLEMLOS KREISRUND**
Für die kreisrunden Flächen Malerkrepprollen als Schablone nehmen. Die sind beim Heimwerken sowieso meistens in Reichweite.

# Aufhängesysteme mit Galerieschienen

Es gibt viele Methoden, um Bilder an die Wand zu bringen. Eine effektvolle Alternative zur herkömmlichen Nagelaufhängung sind Aufhängungssysteme wie Galerieschienen. Die gibt es komplett mit Zubehör fertig zu kaufen. In den Bausätzen sind Aluleisten und Haken für die Wand sowie Aufhänger für die Bilder enthalten. Der große Vorteil von Galerieschienen: Die Haken in den Schienen können jederzeit verschoben werden. So kann man die Bilder spontan umhängen, ohne dass neue Löcher in die Wand gebohrt werden müssen. Also die ideale Aufhängung für eine „Wanddeko to go".

**MATERIAL**

- Galerieschienen (= fertige Aufhängungssysteme für Bilder mit Aluleisten, Haken und Aufhängern)
- Schrauben (falls nicht schon im System enthalten)

**WERKZEUG**

- Akkubohrer oder Bohrmaschine

**1** Aluleisten mit dazugehörigen Haken an die Wand anbringen.

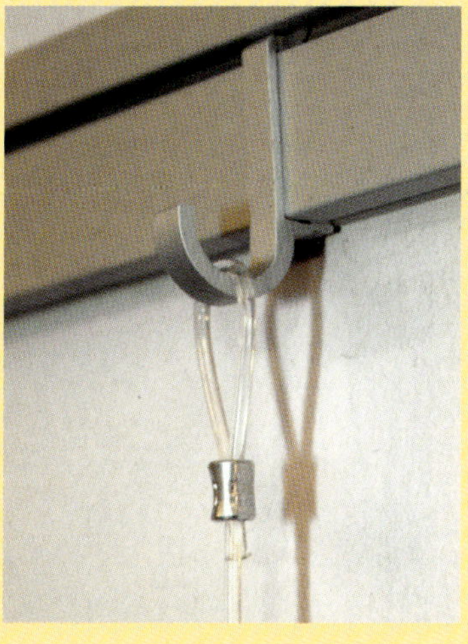

**2** Auf die Rückseiten der Platten je zwei Aufhänger schrauben.

**3** An den Aufhängern können die Bilder dann an die Haken gehängt werden.

# Spiegelmosaik

Alte oder angeschlagene Spiegel landen oft auf dem Sperrmüll. Dabei lässt sich mit Spiegelscherben jede Wand in einen extravaganten Eyecatcher verwandeln. Also: Greifen Sie zum Hammer und zerschlagen Sie den Spiegel in Scherben! Nur keine Hemmungen, denn um dieses funkelnde Mosaik wird Sie später jeder beneiden!

Scherben bringen Glück – oder zumindest eine außergewöhnliche Wanddeko.

**1** Die Wand erhält ein Mosaik aus Scherben, das einen neuen Spiegel umrahmt. Dafür die äußere Umrandung des Mosaikrahmens zunächst mit Malerkrepp abkleben.

**2** Die Wand um das spätere Mosaik erhält als schönen Kontrast einen Anstrich mit Latexfarbe in Anthrazit.

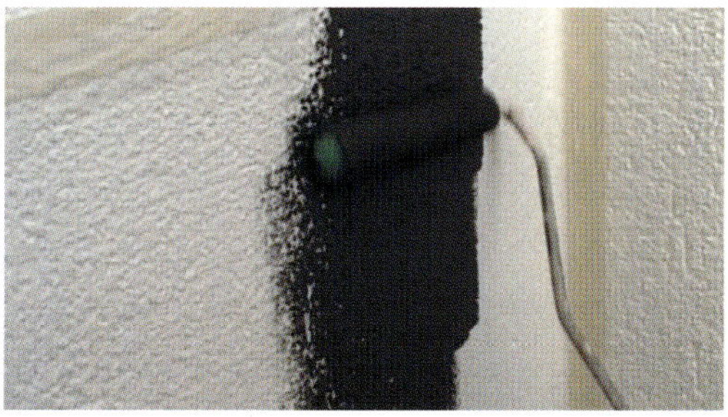

**3** In der freien Fläche ein Feld ausmessen, in das später ein Spiegel mit Rahmen gehängt werden soll. Die Umrisse mit Bleistift vorzeichnen und mit der Farbe in Anthrazit nachmalen. Dabei genügend Freiraum für den Spiegelmosaikrahmen einplanen!

**MATERIAL**

- Latexfarbe in Anthrazit
- Spiegel zum Zerschlagen
- Spiegel mit Rahmen zum Aufhängen
- Fugenmasse
- Dekoglassteine in Rot
- alte Decke
- Schutzbrille und -handschuhe
- Malerkrepp

**WERKZEUGE**

- Standardsatz Pinsel und Rollen
- Heißklebepistole
- Schraubenzieher
- Holzhammer
- Schwammbrett
- Gummiabzieher
- feuchter Lappen
- Bleistift

**SCHWIERIGKEITSGRAD**

**ZEITAUFWAND**

**KOSTEN**
€€

**4** Während die Farbe trocknet, einen Spiegel zum Zerschlagen in eine alte Wolldecke einwickeln. Vorsicht: Zum Schutz vor herumfliegenden Splittern unbedingt Schutzbrille und -handschuhe tragen. Dann mit einem Holzhammer und einem Schraubenzieher den Spiegel kaputt schlagen. So werden die Scherben größer und schöner als wenn man nur mit dem Hammer zu Werke geht. Die Decke aufwickeln und die schönsten Scherben vorsichtig heraussuchen.

**WISSENSWERT**
Der Begriff „Mosaik“ kommt ursprünglich aus dem Arabischen und bedeutet soviel wie „geschmückt“. Dabei handelt es sich um eine Dekorationstechnik, bei der farbige Steinchen oder Glasstücke zu kunstvollen Bildern zusammengefügt werden. Die ältesten Mosaikfunde sind mehr als 5000 Jahre alt.

**5** Die Scherben mosaikartig an die Wand kleben, bis die ganze Rahmenfläche gefüllt ist. Zum Kleben einfach Heißkleber benutzen.

**6** Zwischen den Scherben noch vereinzelte rote Dekoglassteine als Akzent anbringen.

**TIPP**
Greifen Sie mit den Dekoglassteinen eine dominante Farbe aus Ihrer Einrichtung wieder auf. Vielleicht gibt dort Rot den Ton an, etwa in roten Kissen oder einem roten Teppich. Eine wiederkehrende Farbe schafft einen schönen Zusammenhalt im Raum.

**7** Den fertigen Mosaikrahmen mit herkömmlicher Fugenmasse verfugen. Dazu die Masse mit einem Schwammbrett auftragen und mit einem Gummiabzieher großzügig verteilen.

**WISSENSWERT**
Die Fugenmasse dient dazu, die Zwischenräume zwischen den Spiegelstückchen zu schließen. Außerdem vermindert das Verfugen die Verletzungsgefahr, schließlich sind die Spiegelscherben sehr scharfkantig!

**8** Nach dem Trocknen der Fugenmasse Überschüssiges vorsichtig mit einem feuchten Tuch abwischen.

**9** Zum Schluss den Spiegel in das ausgesparte Feld des Spiegelmosaiks setzen.

# Serviettentechnik für die Wand

Haben Sie noch ein paar Servietten mit schönen Motiven im Schrank liegen? Dann müssen Sie nicht bis zum nächsten Festessen warten, um sie zum Einsatz zu bringen. Mit Servietten können Sie nämlich auch Wände wunderschön gestalten. Probieren Sie es doch mal mit einer dekorativen Bordüre in Serviettentechnik. Sie werden staunen, denn der Effekt ist wie gemalt. Und das, obwohl die Technik ganz leicht und das Material super-günstig ist. Bei diesem Tipp werden Servietten mit bunten Paisleymotiven verarbeitet.

Mit der Serviettentechnik bekommen Räume ruck, zuck ein individuelles Aussehen.

**SCHWIERIG-KEITSGRAD**

**ZEITAUFWAND**

**KOSTEN**

€

**MATERIAL**

- Wandfarbe in Hellgrün und Cremeweiß
- Servietten mit buntem Paisleymuster
- Servietten-/Transferlack
- Malerkrepp

**WERKZEUGE**

- Standardsatz Pinsel und Rollen
- weicher Pinsel
- Bastelschere

**1** Die alten Tapeten mit gut deckender Wandfarbe in frischem Grün überstreichen; die Tragfähigkeit der Tapete vorausgesetzt.

**TIPP**

Orientieren Sie sich bei der Farbwahl an den Farben der Servietten, die Sie verwenden möchten.

**2** Einen 20 cm breiten Bordürenstreifen mit Malerkrepp abkleben und ggf. mit Acryl abdichten. Der Streifen schließt mit der Oberkante des Fensters ab und wird mit cremeweißer Wandfarbe gestrichen. Auf der hellen Farbe heben sich die Serviettenmotive besonders gut ab.

**3** Jetzt das Paisleymuster sorgfältig aus den Servietten herausschneiden.

**TIPP**

Für die Serviettentechnik brauchen Sie nur die oberste, bedruckte Lage. Bei einer guten Schere können Sie vor dem Schneiden die untersten Lagen entfernen. Bei einer stumpfen Schere schneiden Sie lieber zuerst und ziehen die oberste Schicht danach ab. Das geht einfacher.

**4** Mit einem weichen Pinsel den Lack punktuell auf die aufgemalte, cremefarbene Bordüre auftragen.

**5** Die ausgeschnittenen Paisleymotive auflegen und mit dem Pinsel andrücken. Sie dürfen ruhig überlappen. Zum Schluss noch einmal zum Versiegeln mit dem Lack von innen nach außen über die Serviettenstückchen streichen.

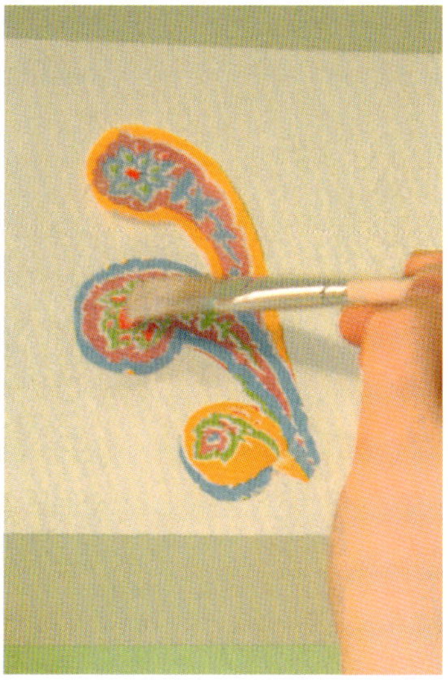

**6** Der Lack muss etwa eine halbe Stunde trocknen. In der Zwischenzeit den Malerkrepp abziehen.

**WISSENSWERT**

Unter „Paisley" versteht man ein abstraktes Stoffmuster mit der Grundform eines spitz zulaufenden Blattes. Der Name stammt von der schottischen Stadt Paisley, die im 19. Jahrhundert ein wichtiges Zentrum der Textilverarbeitung war. Das florale Motiv selbst kommt aber ursprünglich aus Persien und Indien und wurde von englischen Soldaten importiert.

## Elaine Schnee

Elaines Liebe zum Einrichten hat ihre Wurzeln in der Kindheit. Die deutsch-stämmige Amerikanerin hat damals eine Star-Innenarchitektin begleitet. In den Häusern der Reichen und Schönen in Beverly Hills und Hollywood sprang der Funke über. Später vermischte sich die Leidenschaft mit dem Traumberuf: Als gelernte TV-Redakteurin und Inhaberin des TV-Produktionsunternehmens ace media sind die Einrichtungsthemen für Elaine eine wahre Spielwiese, mittlerweile auch vor der Kamera. Hier kann sie ihre praktische Veranlagung ausleben. Sie liebt es zu Heimwerken, konzipiert gerne selber und setzt ihre eigenen Entwürfe um. Diesen Spagat zwischen der Tätigkeit als erfolgreiche Produzentin und dem Einsatz als Wohnexpertin ermöglichen ihr ein gut organisiertes Team.

## Ines Schneider

Ines ist Stylistin und Wohnexpertin mit Leib und Seele. Vor ihrer TV-Laufbahn hat sie jahrelang als Deko- und Einrichtungsberaterin gearbeitet. Ihr handwerkliches Geschick brachte sie beim Bau des eigenen Hauses ein, das nach baubiologischen Aspekten gestaltet wurde. Als Leiterin der Design-Abteilung bei ace media ist sie nicht nur Gesicht vor der Kamera, sondern auch Schlüsselfigur zwischen Trend-Spotting und Planung. Stilsicher holt Ines bei ihren Konzepten das Optimum aus einem Raum heraus und beweist dabei immer wieder guten Geschmack. Mit Herz, Verstand und Organisationstalent macht sie aus dem Alltäglichen etwas ganz Besonderes.

**Weitere Informationen zu den TV-Beiträgen finden Sie unter: www.besser-wohnen-tv.de**

## IMPRESSUM

Ein großes Dankeschön an die vielen fleißigen Hände und kreativen Köpfe, die bei der Entstehung des Buches und der begleitenden DVD so tatkräftig mitgeholfen haben!

Ein besonderer Dank gilt auch den Firmen und Unternehmen, die uns mit den nötigen Materialien und Requisiten versorgt haben.

FARBEN: Alpina Farben GmbH, 64369 Ober-Ramstadt, www.alpina-farben.de

ELEKTROWERKZEUGE: Robert Bosch GmbH, 70771 Leinfelden-Echterdingen, www.bosch-pt.de

TAPETEN: Erfurt & Sohn KG, 42399 Wuppertal, www.erfurt.com

KLEISTER & KLEBER: Henkel KGaA, 40191 Düsseldorf, www.metylan.de

ABKLEBEBÄNDER: tesa AG, 20253 Hamburg, www.tesa.de

HANDWERKZEUG: Emil Lux GmbH & Co. KG, 42929 Wermelskirchen, www.lux-tools.de

LEUCHTMITTEL: Philips Lighting, 20099 Hamburg, www.philips.com

BUCHTEXTE, DREHBUCH UND REGIE DER DVD: Christine Piontek (ace media)

ORGANISATION UND KOORDINATION: Andreas Raaf (ace media)

AUFNAHMELEITUNG UND REGIEASSISTENZ: Nina Diebus (ace media)

KAMERA UND PORTRAITFOTO: Martin Miseré (im Auftrag von ace media)

ZWEITE KAMERA: Fabian Köchert (ace media)

TONTECHNIKER: Max Krabbe (ace media)

DESIGNASSISTENT: Claudius von Berg (ace media)

BUCHKONZEPT, TEXT UND LEKTORAT: Kim Marie Krämer (frechverlag)

BUCHGESTALTUNG: Petra Theilfarth (frechverlag)

FOTOS: ace media - tv production & media service, 53639 Königswinter; Alpina Farben GmbH, 64372 Ober-Ramstadt (Farbkarten, S. 14, und die Abbildungen „Blauer Engel“ und „TÜV Nord“, S. 15, zur Verfügung gestellt); Henkel KGaA, 40191 Düsseldorf (Tapetensymbole, S. 8)

DRUCK UND BINDUNG: Finidr s.r.o., Cesky Tesin, Tschechische Republik



Auflage: 5. 4. 3. 2. 1.
Jahr: 2011 2010 2009 2008 2007 [Letzte Zahlen maßgebend]



ISBN 978-3-7724-6800-1
Best.-Nr. 6800

DIY ACADEMY

Auf der beigelegten DVD zeigen wir Ihnen noch einmal Schritt für Schritt, wie Sie Ihre Wände vorbereiten müssen und wie Tapezieren und Streichen leichter geht – mit vielen Tipps und Tricks. Kurz und knapp das Wichtigste lautet hier unsere Devise – und der Spaß darf beim Arbeiten natürlich auch nicht zu kurz kommen! Die einzelnen Unterpunkte in den Kapiteln erreichen Sie ganz einfach durch Vorwärtsklicken! Viel Freude an Ihren neuen Wänden.

## Untergrund vorbereiten

- Aufgeplatzte Tapetennähte
- Vorbereitungen vor dem Renovieren
- Tapeten ablösen
- Spachteln, schleifen und grundieren

## Tipps zum Tapezieren

- Eigenschaften von Tapeten
- Bedarfsermittlung
- Werkzeuge zum Tapezieren
- Grundlagen des Tapezierens am Beispiel Raufaser
- Vliesfasertapete, inkl. Tipps & Tricks am Fenster

## Gestalten mit Farbe

- Wissenswertes zu Farben
- Werkzeuge zum Streichen
- Streichen der Decke
- Streichen der Wände, inkl. Farbmischung
- Kreatives Gestalten mit Strukturen und Effekten